AI, 인간과 가상인간에 대한 질문들

인공지능총서

인공지능 시대입니다. 기계가 인간의 인지를 대신하고, 사물이 인간을 통하지 않고 다른 사물과 직접 커뮤니케이션합니다. 이에 따른 인간 삶과 문명 변화를 정확히 이해 · 예측 · 대응하는 것은 이 시대 우리 모두의 과제입니다. 인공지능총서는 인공지능 기술과 환경의 여러 주제를 10가지 키워드로 정리합니다. 관련 개념과 이론, 학계와 산업계의 쟁점, 우리 일상의 변화를 다룹니다. 인간과 기술의 현재, 미래를 세심히 분석합니다.

일러두기

- 인명, 작품명, 저서명, 개념어 등은 한글과 함께 괄호 안에 해당 국가의 원어를 병기했습니다.
- 외래어 표기는 현행 어문규정의 외래어표기법을 따랐습니다.
- 이 저서는 2022년 대한민국 교육부와 한국연구재단의 지원을 받아 수행된 연구입니다(NRF-2022S1A3A2A02089938).

처음이세요?

전문가세요?

AI, 인간과 가상인간에 대한 질문들

사영준

대한민국, 서울, 커뮤니케이션북스, 2025

AI, 인간과 가상인간에 대한 질문들

지은이 사영준
펴낸이 박영률

초판 1쇄 펴낸날 2025년 8월 28일

커뮤니케이션북스(주)
출판 등록 2007년 8월 17일 제313-2007-000166호
02880 서울시 성북구 성북로 5-11
전화(02) 7474 001, 팩스(02) 736 5047
commbooks@commbooks.com
www.commbooks.com

ISBN 979-11-430-0692-9 03500

책값은 뒤표지에 표시되어 있습니다.

차례

가상인간과의 상호작용

컴퓨터가 대중적으로 알려지기 시작한 1990년대 초에는 도스(MS-DOS)와 같은 CLI(Command Line Interface)가 운영체제로 널리 사용되었다. 사용자는 키보드로 명령어를 입력하여 파일을 열거나 프로그램을 실행하는데, 이에 익숙한 사용자들은 CLI가 직접적이고 효율적이라고 여긴다. 시스템 관리 같은 분야에서 CLI가 여전히 널리 쓰이는 이유다.

컴퓨터가 대중화되면서 윈도(Windows)와 같은 GUI (Graphical User Interface)가 일반적으로 사용되었다. 바탕화면 위에 응용 프로그램이나 파일이 아이콘으로 표현되고 사용자는 마우스나 손가락으로 아이콘을 클릭해 프로그램을 실행하고 메뉴를 선택한다. 명령어를 모르는 사람들도 컴퓨터를 쉽게 사용할 수 있다.

이 두 인터페이스는 오랫동안 컴퓨터와 상호작용하는 표준적인 방식으로 사용되었다. 아직 널리 확산되지는 않지만, 이들과는 전혀 다른 방식의 인터페이스도 있다. 인간과 유사한 형태로 상호작용하는 '인간 인터페이스'

가 바로 그것이다. 인간 인터페이스는 스파이크 존즈 감독이 연출한 2013년 영화 〈그녀(Her)〉에서 확인할 수 있다. 주인공 시어도어는 새롭게 출시된 운영체제를 구입하는데, 이 시스템은 사만다라는 이름의 가상 인물을 통해 조작된다.

주인공 시어도어는 음성을 통해 메일을 확인하거나 일정을 관리하고, 때때로 자신의 생각과 감정을 시스템과 공유하기도 한다. 더 나아가 주인공은 공유된 정보를 바탕으로 사만다와 정서적으로 교감하고, 결국 사랑의 감정을 느껴 그녀를 연인으로 생각하게 된다!

영화에 등장한 사만다는 인간 언어로 상호작용할 수 있고, 인간의 정체성을 가지고 있으므로 '가상인간'으로 부를 수 있다. 사만다와 같이 인간처럼 생각하고 행동하며, 인간과 같은 방식으로 상호작용할 수 있는 가상인간이 현실에 등장하기는 아직 요원한 것 같기도 하지만, 나날이 가속화되고 있는 인공지능 기술의 발전 속도를 생각하면 전적으로 불가능할 것 같지도 않다.

테크 기업들은 오래전부터 컴퓨터를 인간처럼 만들려는 꿈을 꿔 왔고, 이를 실현하고자 꾸준히 기술을 발전시켜 왔다. 예를 들어 애플이 1987년 제작한 영상 〈지식 내비게이터(Knowledge Navigator)〉에는 그들이 생각하는 미래 컴퓨팅의 비전을 엿볼 수 있다. 당시는 컴퓨터가 대부분 CLI로 작동했고 GUI가 등장한 지 얼마 안 된 시기였지만, 애플 엔지니어들은 사용자들이 보다 쉽고 자연스럽게, 마치 사람과 대화하듯 컴퓨터와 상호작용할 수 있어야 한다고 생각했다. 이 영상에서는 교수가 자신의 연구실에 들어와 컴퓨터 화면에 등장한 가상인간 조교와 대화로 상호작용한다. 마치 인간 조교에게 그러하듯 필요한 정보를 찾아 달라고 요청하면, 가상인간 조교는 적절한 논문을 찾아 주며 그에 응한다.

테크 기업들의 가상인간에 대한 비전은 애플 시리(Siri)나 삼성전자 빅스비(Bixby)와 같은 음성 에이전트로 어느 정도 실현된 듯하다. 음성 에이전트 서비스는 여러 요소를 통해 사용자들이 인간과 상호작용하고 있다고 느끼도록 만든다. 가장 차별적인 것은 사용자들이 대화로 에이전트를 사용할 수 있다는 것이다. 버튼을 누르거나 명령어를 입력하는 것이 아니라, 다른 사람들에게 그러하듯 음성 대화를 사용하는 것이 상호작용의 핵심이다.

최근 음성 에이전트는 세부적인 음성 형식에서도 더욱 자연스럽게 느껴지도록 설계되었다. 억양이나 멈춤, 리듬과 같은 비언어적인 부분까지 인간과 유사하게 만들어 자연스러운 표현이 가능하다. 또한 최신 음성 에이전트는 대화의 맥락을 이해하며 사용자들과 상호작용한다. 에이전트에게 입력된 명령어는 한번 실행되고 사라지는 것이 아니라 계속해서 시스템에 남아 추가적으로 입력된 명령어를 수행할 때 참조된다. 사용자가 이전에 했던 말을 이해하고 기억한 상태에서 이번 대화의 입력어를 처리하고 응대하는 것이다.

이제 음성 에이전트와의 상호작용은 단순한 기계 작동이 아니다. 대화의 맥락을 이해하는 사려 깊은 사람, 더 나아가 지속적으로 만나며 관계를 유지했던 사람과 대화하는 것으로 인식된다.

음성적 요인 외에도 사회적 단서나 행동적 특성은 에이전트의 사회성을 더욱 풍성하게 만든다. 예를 들어 이름이나 목소리 등을 통해 사용자들은 에이전트의 성별이나 나이와 같은 특성을 유추할 수 있다. 또한 행위적으로는 음성 에이전트가 사회적인 관습과 규범을 따르도록 설계하여 더욱 친근하고 매력적으로 느껴지게 한다.

최근 음성 에이전트는 공감과 감정적 반응을 보여 사용자의 정서적 상태에 반응하는데, 예를 들어 사용자가 "고마워"라고 말하면 "천만에요!"라고 답하고, 사용자가 화가 난 듯한 표현을 하면 "죄송해요, 제가 더 노력할게

요"라고 응답하는 식이다. 이러한 사회적 단서와 규범적 행동, 감성적인 반응은 사용자가 음성 에이전트를 단순한 기계가 아니라 하나의 인격적인 존재, 그래서 친밀감을 느낄 수 있는 대상으로 만든다.

이 책은 컴퓨터 시스템과 응용 프로그램이 고도화됨에 따라, 그 외형과 행동이 점차 인간과 유사해지고, 마침내 '그럴듯한 인간', 즉 가상인간으로서 사회에 존재하게 되는 미래의 상황을 상정한다. 과거에는 영화나 기술 기업의 홍보 영상 속에서나 볼 수 있었던 상상의 장면들이, 오늘날 인공지능과 컴퓨터 그래픽 기술의 급속한 발전으로 인해 점차 현실로 다가오고 있다. 실제로 일부 기업들은 비용 절감과 업무 효율성 제고, 이용자의 욕구 충족과 새로운 경험의 제공을 목적으로, 인간과 유사한 디지털 존재를 적극적으로 활용하거나 그 도입을 계획하고 있다.

예컨대 식당에서는 서빙 로봇이 음식을 나르고, 카페에서는 로봇 바리스타가 커피를 제조하며 사람이 수행하던 업무를 대체하고 있다. 카드사나 통신사 등 고객 응대가 중요한 산업에서는 챗봇 상담사가 인간 상담원의 업무를 분담하며, 고객의 질문에 신속히 대응한다. 외로움을 느끼는 사용자는 바쁜 친구에게 연락하는 대신 가상 대화 상대와의 채팅을 통해 심리적 위안을 얻기도 한다. 광고업계에서는 가상 모델의 이미지와 서사를 소셜 미디어를 통해 정교하게 관리하고, 이를 바탕으로 광고 계약을 체결하거나 영화 및 드라마와 같은 콘텐츠에 출연시키는 방식으로 활용하고 있다. 교육 환경에서는 인공지능 기반의 챗봇 선생님이 등장해 수업을 진행하고, 학습자의 수준과 관심에 맞춘 맞춤형 콘텐츠를 제안하고 있다. 엔터테인먼트 산업에서는 가상인간 아이돌 그룹이 데뷔해 음악을 발표하고, 팬덤을 형성하며 공연 및 라이브 방송 활동을 이어 가고 있다.

이렇듯 가상인간은 다양한 분야에서 단순한 실험적 시도를 넘어, 점차 실질적인 서비스 제공자, 소통과 교감의 주체, 트렌드 생산자와 문화 전파자로 자리매김할 것으로 예상된다. 이러한 흐름에서 우리는 다음과 같은 질문을 던져 볼 수 있다. 인간과 유사한 외형을 지니고, 인간과 유사한 방식으로 행동하며, 인간의 역할을 수행하는 가상인간에 대해 사람들은 과연 어떻게 반응할 것인가? 사람들은 가상인간을 실제 인간처럼 인식하며, 인간에 대해 느끼는 감정과 유사한 감정을 경험할까? 더 나아가, 인간 사이에 맺는 관계를 가상인간과도 형성하고, 인간 관계 속에서 관찰되는 행동 양식이 가상인간과의 상호작용에서도 보이게 될까? 이러한 질문들은 단순한 호기심이나 기술적 논의를 넘어, 인간의 감정과 인지, 사회적 행동의 근본적 작동 방식에 대한 본질적인 성찰로 이어진다.

이에 따라, 인간 사이에서 발생하는 심리적 현상과 사회적 행동 양식을 연구해 온 학자들은 이제 인간과 가상인간 간의 상호작용에서 발생하는 심리적 · 사회적 현상에 대해서도 탐구해야 하는 새로운 과제에 직면하고 있다. 최근 들어 대중의 호기심과 학계의 관심이 고조되며 주목받고 있는 듯 보이지만, 사실 이와 같은 질문들은 이미 오래전부터 신구적인 학자들에 의해 꾸준히 제기되고 연구되어 왔다.

초창기 연구: 가상인간 인식과 행동 반응

뉴욕대학교의 리 스프롤(Lee Sproull)은 컴퓨터 기반 커뮤니케이션이 인간의 행동과 상호작용에 미치는 영향을 연구해 온 선구적 학자다. 그녀는 1996년 발표한 논문에서, 인간의 형태를 띤 컴퓨터 인터페이스에 대해 사용자가 어떠한 반응을 보이는지를 탐색한 연구 결과를 소개했다(Sproull et al., 1996). 이 논문에서 제시된 핵심 가설은 다음과 같다. 컴퓨터 인터페이스가 얼굴 형태일 경우, 사용자는 해당 컴퓨터를 단순한 기계가 아닌 인간적인 특성을 지닌 존재로 인식하며, 그에 따라 컴퓨터와의 상호작용에서도 마치 타인과 함께 있을 때처럼 행동하게 될 것이다!

이를 실증적으로 검증하기 위해, 스프롤은 세 가지 유형의 인터페이스를 설계했다. 첫째는 무표정한 얼굴을 지닌 인터페이스, 둘째는 미소 짓는 얼굴의 인터페이스, 셋째는 텍스트만 출력되는 인터페이스였다. 앞의 두 유형은 시각적 요소인 얼굴 애니메이션과 청각적 요소인 음성 출력 기능을 포함하고 있었다. 이들 얼굴 인터페이스는 눈, 눈썹, 입 등을 움직이며 감정을 표현할 수 있도록 설계되었고, 하나는 무표정한 표정을, 다른 하나는 미소 짓는 표정을 구현했다. 반면 텍스트 기반 인터페이스는 시각적 이미지나 감정 표현 없이, 단순히 텍스트 메시지만을 화면에 표시했다. 스프롤의 연구팀은 실험 참가자들에게 세 가지 인터페이스 중 하나와 상호작용하게 한 뒤, 이 경험에 대해 어떻게 느꼈는지를 조사했다.

스프롤은 텍스트 기반 인터페이스에 비해, 얼굴 형태의 인터페이스, 특히 미소를 짓는 얼굴을 제시할 경우 사용자들이 이를 더 인간답게, 더 매력적으로, 더 따뜻하게 인식할 것이라 예상했다. 그러나 연구 결과는 이러한 예측과 정반대였다. 얼굴 인터페이스는 오히려 텍스트 기반 인터페이스보다 덜 긍정적으로 평가받은 것이다. 이는 당시의 컴퓨터 그래픽 기술 수준으로 구현한 얼굴 애니메이션이 자연스럽지 못했기 때문일 것이다.

그러나 보다 흥미로운 결과는, 얼굴 인터페이스가 사용자들의 실제 행동에 미친 영향이었다. 실험에 참여한 사람들 중, 텍스트 인터페이스를 사용한 참가자들보다 얼굴 인터페이스를 사용한 참가자들이 컴퓨터 사용 과정에서 더 큰 불편함과 긴장감을 느낀 것이다. 모니터 속에서 자신을 바라보는 얼굴로 인해 사용자가 감시받고 있다는 느낌을 받은 것으로 해석된다.

더불어 사회적으로 민감하거나 도덕적 판단이 개입되는 질문에 대해 응답할 때에도 뚜렷한 차이가 나타났다. 예를 들어 '평소 가난한 사람을 얼마나 돕는가'와 같은 사회적으로 바람직하다고 생각되는 행동을 묻는 질문에 대해, 얼굴 인터페이스를 사용한 참가자들이 그렇다고 대답하는 비율이 더 높았던 것이다. 이는 얼굴 인터페이스가 사용자로 하여금 자신의 행동을 사회적 기준에 맞게 조정하도록 유도했음을 보여 주는 결과다.

스프롤의 연구는 오늘날 가상인간 기술의 발전을 고려할 때도 여전히 중요한 함의를 지닌다. 가상인간은 실제 인간이나 비인간적 인터페이스에 비해, 매력성이나 친근함과 같은 외형적 평가에서는 부정적인 반응을 유발할 수 있으나, 시각적으로 표현된 인간 형태는 사용자의 행동과 자기 표현 방식에 실질적인 영향을 미칠 수 있다는 점에서 주목할 필요가 있다. 즉, 비록 '가상'이지만, 인간의 형태를 띤 존재는 사용자의 행동을 조율하고, 실제 인간과 함께 있을 때와 유사한 심리적, 행동적 반응을 유도할 수 있다. 이는 가상인간과의 상호작용이 단순한 인터페이스 사용을 넘어, 인간과 인간 사이의 상호작용에서 나타나는 자동적이고 무의식적인 반응까지도 촉발할 수 있음을 시사한다.

인간 지식 활성화 반응

우리는 자동차의 전조등과 라디에이터 그릴에서 화난 표정을 떠올리거나, 전기 콘센트에서 놀란 얼굴을 상상하고, 벽에 드리운 그림자에서 누군가의 옆얼굴을 인식하곤 한다. 이처럼 실제로 얼굴이 존재하지 않음에도 불구하고, 다양한 일상 사물에서 얼굴의 형태를 인식하는 것을 "파레이돌리아(Pareidolia)"라고 한다(Palmer & Clifford, 2020).

무작위적이거나 뚜렷하게 식별되지 않는 자극 속에서

의미 있는 패턴이나 익숙한 대상을 찾아내는 과정으로, 우리 뇌가 실제로 존재하지 않는 형상을 인식 가능한 무언가로 만들어 내는 것이다. 파레이돌리아는 우리의 뇌가 의미를 찾고 패턴을 인식하는 과정 중에 사람의 얼굴을 발견하는 경향이 얼마나 강력한지를 보여 준다.

우리의 뇌가 인간 특성을 활용해 외부 자극을 해석하고 의미를 구성하는 경향은 단순히 시각적인 형태에만 국한되지 않는다. 움직임을 해석하려 할 때도 발생한다. 프리츠 하이더(Fritz Heider)와 마리아네 지멜(Marianne Simmel)은 실험을 통해 인간이 단순한 시각 자극에 어떻게 사회적 의미를 부여하는지를 탐구했다(Heider & Simmel, 1944). 연구자들은 약 2분 길이의 흑백 애니메이션을 제작했는데, 이 영상에는 얼굴도 없고 목소리도 없는 기하학적 도형들—큰 삼각형, 작은 삼각형, 원형—이 사각형 모양의 상자 주변과 내부에서 움직인다.

실험 참여자들은 이 영상을 시청한 후, 화면에서 무슨 일이 일어났는지를 서술하도록 요청받았다. 대부분의 참여자들은 이 단순한 움직임을 단지 물리적 이동이 아니라 인간 사이의 갈등, 추격, 구출, 협력 등 복잡한 사회적 이야기로 해석했다. 예컨대 큰 삼각형을 '공격자', 작은 삼각형을 '구조자', 원형을 '피해자'로 설정한 내러티

브를 자연스럽게 만들어 냈다.

이 실험은 인간이 세상을 지각할 때 감각 정보만을 처리하는 것이 아니라, 그 안에서 의도, 감정, 인과관계를 적극적으로 해석하며 의미를 구성한다는 사실을 보여준다. 즉, 우리는 세상을 '있는 그대로' 보기보다는, 개인적 경험과 지식을 바탕으로 '의미 있는 장면'으로 재구성하는 존재다. 하이더와 지멜의 애니메이션은 인간 인지가 얼마나 능동적이며, 인간과 관련된 지식이 지각의 순간에도 얼마나 활발하게 작동하는지를 상징적으로 보여주는 대표적 사례다.

SEEK 모델

심리학자 니컬러스 에플리(Nicholas Epley)와 그의 동료 연구자들은 인간이 아닌 대상을 인간의 지식과 경험을 바탕으로 해석하고 이해하려는 현상을 의인화(anthropomorphism)로 정의하고, 이를 이론화했다(Epley et al., 2007). 인간은 대상을 인지하는 과정에서 단순히 외형 정보만을 처리하는 것이 아니라, 그 안에서 얼굴을 인식하거나, 무작위적인 움직임 속에서 의도나 감정을 읽어 내며, 때로는 단순한 기하학적 도형조차 감정을 지닌 존재로 해석하는 경향을 보인다. 이는 인간의 인지 체계가 본질적으로 사회적 해석틀을 기반으로 작동하고 있음을 시사한다.

에플리는 이러한 인지 과정을 보다 정교하게 설명하기 위해 SEEK 모델을 제안했다(Epley et al., 2007). 이 모델은 인간이 비인간 대상을 해석할 때 작동하는 일반적인 추론 과정인 지식 활성화(knowledge activation)를 동기화된 인지(motivated cognition)의 틀로 확장하며, 의인화를 유도하는 세 가지 주요 요인을 제시한다. 이들 요인은 유발된 지식(Elicited Agent Knowledge), 효과성 동기(Effectance Motivation), 사회성 동기(Sociality Motivation)로 이들의 영어 앞자를 딴 SEEK로 부른다. 우리는 가상의 대상에서 무엇을 추구(seek)하는가?

의인화의 첫째 요인은 유발된 지식이다. 보다 엄밀하게 말하자면 유발된 '사람' 지식이다. 인간은 태어나는 순간부터 끊임없이 타인과 상호작용하며, 사람에 대한 풍부한 인지적 · 감각적 지식을 축적해 나간다. 유아기에는 부모나 가족 구성원과의 밀접한 접촉을 통해, 이후에는 학교와 사회생활을 거치며 다양한 인간관계 속에서 사람의 외형, 감정, 말투, 행동 방식 등에 대한 정보가 누적된다.

특히 타인과 더불어 살며 우리는 끊임없이 사람의 얼

굴에 대한 지식을 축적한다. 아마 두 개의 작은 원(눈)과 하나의 큰 원(입)으로 구성된 동그란 형태 중 가장 많이 경험한 것은 사람의 얼굴일 것이다. 따라서 특정 사물에서 이러한 패턴을 발견하면 우리의 뇌가 즉각적으로 얼굴 지식을 떠올리는 것은 자연스러운 일이다. 이처럼 인간에 대한 사전 지식이 충분히 축적된 상태에서는 새로운 대상을 보았을 때도 인간의 특성을 자동적으로 떠올리게 되고 이를 활용하여 대상을 이해하게 된다.

반면, 만약 다른 사람의 얼굴을 본 경험이 없다면, 심지어 거울도 없어서 자신의 얼굴도 한 번도 본 적 없다면, 그 사람은 얼굴과 비슷한 구성의 형태물을 보아도 그것을 사람의 얼굴로 해석할 수 없을 것이다. 사람 얼굴에 대한 지식이 없기 때문이다. 단편 소설《정글북》의 모글리를 생각해 보자. 모글리는 동물들 사이에서 성장했기 때문에 사람의 얼굴을 본 적 없고 문명에서 떨어져 살았기 때문에 자신의 얼굴이 어떻게 생겼는지 알지 못한다. 주위에 있는 동물들의 얼굴만을 접했을 것이다. 따라서 그가 일반적인 사람이라면 사람 얼굴이라고 생각했을 어떤 것(예를 들어 눈, 코, 입처럼 생긴 구멍)을 보고 떠올린 것은 항상 같이 다니는 곰의 얼굴이었을 것이다. 이 사고 실험(thought experiment)은 의인화가 단순한 인간의 본능이기보다 경험을 통해 축적된 지식을 바탕으로 작동하는 인지 과정임을 말해 준다.

에플리의 의인화 개념의 핵심 아이디어는 인간이 스스로의 지식을 활용하여 비인간 대상을 이해하고자 한다는 데 있다. 이는 인간이 특정 대상에 대한 충분한 지식을 갖고 있지 않기 때문이기도 하다. 다시 말해 대상에 대한 정보가 부족할수록 인간은 자신이 가진 인간 중심의 지식을 투사해 그 대상을 해석하려는 경향이 강해진다. 예를 들어, 위쪽에 작은 원 두 개가 나란히 위치해 있고 아래쪽에 큰 원 하나가 있는 둥그런 형태의 나무 조각을 보고 얼굴을 떠올리는 경우를 생각해 보자. 만약 나무에 구멍이 생기는 원리를 알고 있다면, 그 구멍을 얼굴로 인식하기보다는 나무의 성장 과정이나 해충, 부식 등의 자연적 요인으로 인해 형성되었다는 점을 떠올렸을 것이다.

마찬가지로 컴퓨터가 느려질 때 이를 의인화하여 '컴퓨터가 게으르게 행동한다'고 해석하는 사람도 있다. 하지만 컴퓨터에 대한 지식이 많다면, 이는 단순히 컴퓨터 내부에서 여러 프로그램이 동시에 실행되거나 자원이 과부하 상태에 놓였기 때문이라는 사실을 이해하게 되어 게으른 행동이라는 인간의 지식으로 현상을 해석하지는 않을 것이다. 즉, 대상에 대한 지식이 부족할수록 인간은 본능적으로 자신이 이해하기 쉬운 방식, 즉 인간 지식을 투사하여 해석하는 의인화 경향을 보인다.

의인화의 둘째 요인은 효과성 동기다. 인간은 기본적으로 불확실성을 줄이고 외부 상황을 통제하려는 성향이 있으며, 이러한 욕구가 강할수록 의인화가 더욱 촉진된다. 불확실성이 높은 상황에서 초월적인 존재에 의지하는 경우가 그 예다. 수능시험을 앞둔 수험생의 어머니가 기도하는 장면을 떠올려 보자. 이 어머니는 자식의 성공을 간절히 바라지만, 자식의 시험에 영향력을 발휘하거나 상황을 통제할 수 없다. 결과에 대한 불확실성에 불안해한다. 어머니가 할 수 있는 것이라고는 신에게 의지하여 자식이 시험에서 좋은 결과를 얻을 수 있도록 기도하는 것뿐이다. 이러한 과정에서 신은 단순한 초월적, 형의상학적 존재가 아니라 나의 간청에 반응하는, 의지와 감정을 지닌 인간적인 존재로 인식된다. 신앙을 통해 형성된 믿음은 불확실성을 해소하고 마음의 안정을 가져다준다. 의인화로 인한 긍정적 효과다. 이처럼 효과성 동기는 불확실한 상황을 해소하고 외부에 대한 통제력을 얻고자 하는 인지적 과정으로서의 의인화를 촉진한다.

의인화를 촉진하는 셋째 요인은 사회성 동기다. 인간은 본능적으로 사회적 관계를 맺고자 하는 욕구를 가지고 있으며, 욕구가 충족되지 않을 때 비인간 대상에 인간적인 특성을 부여함으로써 해당 욕구를 충족한다. 영화 〈캐스트 어웨이(Cast Away)〉는 사회성 동기가 어떻게 의인화를 촉진하는지 보여주는 좋은 예다. 영화 속에서 주인공 척은 무인도에 홀로 남겨지면서 극심한 외로움을 경험한다. 이 상황에서 그는 단순한 배구공에 찍힌 손자국 모양의 피 얼룩이 사람의 얼굴과 유사함을 발견하고 '윌슨'이라는 이름을 붙인다. 이후 마치 친구처럼 대화를 나누며 감정을 공유하기 시작한다. 이 사례는 사회성 동기가 의인화를 촉진하는 강력한 요인임을 보여 준다. 이는 인간이 본능적으로 사회적 연결을 추구하며, 필요할 경우 비인간적인 대상에게서도 이러한 관계적 욕구를 만족시킬 수 있음을 시사한다.

사회적 맥락 안에서의 가상인간

비인간 존재에 대한 인간적 반응은 가상인간을 단순한 기술적 객체에서 벗어나 사회적 존재로 인식하게 만든다. 가상인간은 점차 인간 사회의 다양한 영역에 편입되며, 인간과 유사한 외형과 언어, 행동 양식을 갖춤으로써 단순한 도구가 아닌 사회적 상호작용의 주체로 받아들여질 것이다. 이 과정에서 가상인간이 수행하는 역할의 성격과 위계는 사용자의 인지적 판단, 감정적 반응, 윤리적 평가 등 다양한 심리적 · 사회적 반응을 유발하며, 이는 단순한 기술 수용을 넘어서는 복합적 상호작용으로 이어진다.

이러한 문제의식을 토대로, 본서는 가상인간을 둘러싼 다양한 사회적 맥락 속에서 인간이 어떠한 방식으로 반응하고 상호작용하는지를 탐구하기 위해 열 가지 질문을 제시한다. 본서는 총 10장으로 구성되어 있으며, 각 장은 특정한 사회적 요소나 맥락을 중심으로 인간의 심리적 기제를 소개하고, 동일한 기제가 가상인간과의 상호작용에서도 관찰되는지를 살펴본다. 이를 통해 가상인간과의 관계가 지니는 심리적 · 사회적 의미를 조망하고자 한다.

1장과 2장은 가상인간의 외형, 자율성, 감정 표현과 같은 속성이 사용자에게 불쾌감을 유발하거나 경험성과 주체성으로 대표되는 마음 인식 현상을 소개한다. 3장과 4장은 가상인간이 도덕적 판단의 대상이 되는 과정과, 그 행위에 대한 귀인 작용을 탐색한다. 5장과 6장은 가상인간이 사용자와 현실을 공유하거나 비교 대상으로 작용하면서 감정, 정체성, 자기 인식에 미치는 영향을 중심으로 논의한다. 7장과 8장은 감정적 유대감과 공통의 정체성을 바탕으로 형성되는 관계성에 주목하며, 가상인간이 인간과 사회적 관계를 맺을 수 있는지를 검토한다. 9장은 가상인간이 면접관, 심판, 프로듀서 등 권위 있는 역할을 수행하며 판단 및 평가 주체로 기능하게 되는 사례를 소개하고, 가상인간의 기술적 특성보다 사회적 지위에 따라 수용 여부가 달라질 수 있음을 논의한다. 마지막 10장은 이러한 상호작용의 축적이 인간 사회의 생활 방식과 규범, 나아가 문화적 질서에 어떤 방식으로 작용하게 될지를 생태적 관점에서 성찰한다.

이와 같은 논의를 통해 본 책은 가상인간을 단순한 기술 혁신의 산물이 아닌, 인간과 사회를 구성하는 새로운 행위자이자 관계의 주체로 이해할 수 있는 이론적 기반을 제공하고자 했다. 더 나아가 가상인간과의 공존 가능성을 다면적 · 총체적으로 전망하며, 향후 가상인간의 설계와 기술 적용에 중요한 시사점을 제시하고자 한다.

참고문헌

Epley, N., et al.(2007). On seeing human: A three-factor theory of anthropomorphism. *Psychological Review*, 114(4),

864~886. https://doi.org/10.1037/0033-295X.114.4.864

Heider, F., & Simmel, M.(1944). An experimental study of apparent behavior. *American Journal of Psychology*, 57, 243~259. https://doi.org/10.2307/1416950

Palmer, C. J.; & Clifford, C. W. G.(2020). Face pareidolia recruits mechanisms for detecting human social attention. *Psychological Science*, 31(8), 1001~1012. https://doi.org/10.1177/0956797620924814

Sproull, L., et al.(1996). *When the interface is a face. Human-Computer Interaction*, 11(2), 97~124. https://doi.org/10.1207/s15327051hci1102_1

01
인간보다 더 인간 같은 가상인간

기술 발전으로 가상인간은 외형적으로 실제 인간과 거의 구분되지 않게 되었고, 이는 종종 사용자에게 불편감을 유발한다. 외형적 유사성뿐만 아니라, 가상인간이 자율성과 감정을 갖고 있는지, 어떠한 사회적 맥락에서 등장하는지도 불쾌감 형성에 중요한 영향을 미친다. 이는 가상인간을 설계할 때 기술적 완성도뿐만 아니라 인간의 기대와 사회적 수용 가능성을 함께 고려해야 함을 보여 준다.

AI와 1인 창업?

인간 같은 외형과 불쾌한 골짜기

컴퓨터 그래픽 발전으로 인해 가상인간의 외형을 실제 인간과 구별하는 것이 매우 어려워졌다. 오히려 사람보다 컴퓨터에 의해 만들어진 얼굴이 더 사람 같다고 평가받는다. 소피 나이팅게일(Sophie Nightingale)은 연구를 통해 사람들이 컴퓨터 그래픽으로 만들어진 인간과 실제 사람의 얼굴을 어떻게 평가하는지 알아보았다(Nightingale & Farid, 2022). 연구 참여자들은 제시된 사진이 실제 사람인지, 컴퓨터 그래픽인지 맞춰 보라고 요청 받았는데, 무작위로 찍었을 때보다도 낮은 정답률을 보였다. 더욱 흥미로운 것은 참여자들이 실제 사람 얼굴보다 가상으로 만들어진 얼굴을 더 신뢰한다고 응답했다는 점이다.

인공지능의 기술 발전이 빠르게 이루어지고 있는 오늘, 이러한 연구 결과는 더 이상 놀랍지 않다. 간단한 프롬프트 작성법을 배우면 생성형 인공지능을 통해 누구나 손쉽게 사실적이고 매력적인 얼굴을 얻을 수 있다. 우리의 관심은 가상인간의 외형이 얼마나 실제와 같은지가 아니라, 사람보다 더 사람 같은 가상의 존재를 사람들이 어떻게 평가하고 경험할지에 대한 것이다.

컴퓨터 그래픽 전문가나 로봇 공학자들은 인공물 등

이 자연스럽게 느껴지도록 하기 위해 외형이나 움직임을 사람과 유사하게 만들고자 노력했으나 뜻하지 않은 부작용을 발견했다. 기계가 명백하게 인간과 다른 상황에서는 조금만 인간과 비슷해지면 호감이 올라가지만, 인간과의 유사도가 더욱 증가해 인간과 구분하기 어려운 정도가 되면 갑작스러운 불쾌감을 유발한다. 불쾌한 골짜기(uncanny valley)라고 불리는 잘 알려진 현상이다. 이 골짜기를 지나 외형적으로 인간과 거의 구분할 수 없게 되면, 다시 호감도가 높아지는 것으로 알려져 있다.

불쾌한 골짜기는 일본의 로봇 전문가 마사히로 모리(Masahiro Mori)가 1970년 그의 에세이에서 처음 소개했다(Mori, 1970). 모리의 불편한 골짜기 아이디어는 의수(prosthetic hand)를 제작하는 개인적인 경험에서 비롯되었다고 한다. 로봇 공학자로서 의수와 로봇 손가락을 만들었던 그는 로봇의 외형이 실제 사람과 거의 같으면 갑작스럽게 불쾌한 감정을 불러일으킨다는 점을 발견했다. 모리는 이러한 반응이 자기 보존 본능과 관련이 있을 수 있다고 제안했다. 즉 죽음이나 시체, 질병 등에 대한 본능적인 반감으로, 인간과 비슷하지만 살아 있지 않은 것에 거부감을 느낀다.

가상인간의 범주와 사용자의 기대

시간이 지나면서 연구자들은 불쾌한 골짜기와 관련된 보다 체계적인 설명을 제시했는데, 그 중 하나는 범주 모호성이다(Strait et al., 2017). 이 가설은 인간이 어떤 대상을 지각할 때, 그것이 어떤 범주(category)에 속하는지를 명확히 구분하려는 경향이 있다는 점에 착안한다.

예를 들어, 사람은 대상을 보았을 때 '인간이다' 혹은 '기계다'처럼 명확한 범주로 분류하려고 한다. 이를 바탕으로 대상을 어떻게 대해야 하는지 결정하는 것이다. 그런데 이 구분이 모호할 때, 즉 그 대상이 인간처럼 보이지만 어딘가 이질적인 요소가 있어서 기계 같기도 할 때, 심리적 불편함이나 불쾌함을 느끼게 된다는 것이 범주 모호성의 요지다. 이때의 불쾌감은 단순한 외형적 유사성 때문이 아니라, 그 존재가 정확히 무엇인지 판단할 수 없는 불확실성에서 비롯된다. 이러한 맥락에서 범주 모호성 가설은 불쾌한 골짜기가 외모의 사실성으로 인해 인지적인 해석의 문제에서 비롯된다고 설명한다.

또 다른 설명은 외형의 특성이 범주 구분에 어려움을 느끼는 것을 넘어서, 시각적으로 인식된 대상의 특성과 대상에 대해 갖고 있는 기대가 상충하기 때문이라고 보는 기대위반가설이다(Saygin et al., 2012). 이에 따르면 실제와 유사하게 제작된 의수는 사람의 그것과 같아서 실제 감각할 수 있고 움직일 수 있을 것 같지만, 실제 손은 아니어서 그럴 수 없다는 지식이 서로 상충되기에 불쾌함을 느낀다. 이를 일반화하면 로봇의 자율적인 움직임이 이용자들의 기대와 어긋나면서 불쾌감을 유발한다고 해석할 수 있다. 사람들은 로봇의 움직임이 사전에 설정된 프로그램에 따라 작동하는 것으로 알고 있다. 그러나 AI의 발전으로 로봇 지능이 인간 지능을 뛰어넘는다는 뉴스를 보면 로봇이 의식을 갖게 되고 사용자를 위한다는 목표 외에 스스로을 위한 행동을 자발적으로 할 수 있다는 생각이 들기도 한다. 이러한 기대의 어긋남은 로봇에 대한 막연한 두려움으로 이어지고, 이것이 기대가 위반하면서 발생하는 부정적인 감정이다.

자율적인 NPC(Non-Player Character)에 대한 이용자 반응은 2017년 얀필리프 스타인(Jan-Philipp Stein)의 연구에서 다루어졌다(Stein & Ohler, 2017). 연구에서 참가자들은 HMD(Head-Mount Device)를 통해 제시된 가상환경에서 인물들이 대화하는 장면을 보았다. 실험 참가자들 절반에게는 인물들이 실제 사람인 것으로, 다른 반의 참가자들에게는 NPC라고 안내되었다. 또한 실험 참여자들은 가상 인물들의 대화가 사전에 준비된 대본을 따르는 것이라고 안내받거나, 실시간으로 만들어 내는 것이라는 설명을 제공받았다. 이를 통해 연구자들은 사람들이 등장인물의 존재 유형(사람인지 컴퓨터인지)과 대화 방식(준비된 대본인지 즉석으로 말하는 것인지)이 기대와 어긋날 때 이들을 어떻게 느끼는지 확인하고자 했다.

연구 결과는 대화 방식에 대한 우리의 기대가 대상의 존재적 특성에 맞지 않을 때, '불쾌한 골짜기'의 부정적 감정을 유발할 것이라는 예상과 일치했다. 대화가 실제 인간들 간에 이루어졌다고 생각하는 실험 참가자들은 대화 방식에 따라 느끼는 불쾌함 정도의 차이가 크지 않았다. 하지만 인물들이 NPC라고 생각하는 실험 참가자들 사이에서는 즉흥적으로 대화를 이어 간다고 안내받은 집단이, 정해진 대본에 따라 대화한다고 설명을 들은 집단에 비해 대상에 대해 더 큰 불편함을 느꼈다. 이 불편함은 실험 참여자들이 가상인간의 행동에 대해 갖고 있던 기대가 위반되었기 때문인 것으로 해석할 수 있다. 사람들은 NPC나 컴퓨터 캐릭터가 단순히 미리 프로그래밍된 스크립트를 따르고 있을 것이라고 예상하지만 NPC가 자율적으로 대화를 나눌 때, 우리의 감정과 판단은 혼란스러워지며 그 결과로 불안하고 불편한 감정을 경험한다.

위의 예처럼, 우리는 일반적으로 로봇이나 NPC는 감정이나 자율성이 없다고 기대한다. 그러나 로봇에게 이러한 내적 상태가 요구되는 특정한 상황에서는 어떠할까? 애초에 가상인간으로부터 감정이나 자율성과 같은 내적 상태를 기대하고 있다면 불쾌한 경험이 감소할 수 있을까? 마커스 에펠(Markus Appel)과 그의 동료들은 연구를 통해 이를 확인했다(Appel et al., 2020). 그는 로봇의 두 가지 주요 정신 능력을 감성과 자율성으로 구분하고, 이들이 유발하는 불쾌감의 정도가 상황에 따라 달라짐을 보이고자 했다.

연구 결과, 로봇의 역할에 따라 정신 능력의 부정적 효과가 달라졌다. 특정한 맥락이 제시되지 않았을 때는 자율성을 가진 로봇이 단순한 도구형 로봇보다 더 큰 불쾌감을 유발했으며, 감정을 지닌 로봇은 자율성 로봇보다 더욱 강한 불쾌감을 불러일으켰다. 그러나 이러한 불쾌감은 대상이 간호 작업을 수행하는 로봇이라고 소개받았을 때는 사라졌다. 이는 간호 작업과 같이 감정과 관련된 작업을 하는 역할에서는 로봇이 감정적 상태를 갖는 것이 장점으로 인식되기 때문이다.

결론적으로, 불쾌한 골짜기는 단순히 인간과 닮은 외

형 때문이 아니라, 그 외형에서 인식된 특성이 사용자의 기존 기대와 불일치할 때 발생하는 심리적 현상임을 알 수 있다. 초기 연구들은 로봇이나 가상인간의 외형적 유사성이 불쾌감의 주요 원인으로 작용한다고 보았으나, 최근 연구들은 여기에 더해 대상의 자율성, 감정 표현 여부, 그리고 이를 받아들이는 사람의 기대 수준이 중요한 변수로 작용한다는 점을 보여 주고 있다. 특히 특정 맥락에서 로봇의 감정 표현은 불쾌감을 줄이는 반면, 예기치 않은 자율성은 오히려 거부감을 증폭시킬 수 있음이 밝혀졌다.

이러한 연구들은 인간과 기술이 점점 더 밀접하게 상호작용하는 현대 사회에서 로봇과 가상인간을 설계할 때 보다 섬세하고 맥락에 기반한 접근이 필요하다는 점을 시사한다. 단순히 인간을 닮게 만드는 것을 넘어, 로봇이나 가상인간이 활용되는 구체적인 맥락과 그에 따라 형성되는 사용자 기대를 고려해야 한다. 각 맥락에 적합한 역할을 수행할 수 있을 때, 가상인간은 인간과 조화롭게 공존할 수 있을 것이다. 우리는 어떤 가상인간을 기대하는가?

참고문헌

Appel, M., et al.(2020). The uncanny of mind in a machine: Humanoid robots as tools, agents, and experiencers. *Computers in Human Behavior*, 102, 274~286. https://doi.org/10.1016/j.chb.2019.07.031

Mitchell, W. J., et al.(2011). A mismatch in the human realism of face and voice produces an uncanny valley. *I-Perception*, 2(1), 10~12. https://doi.org/10.1068/i0415

Mori, M.(1970). The uncanny valley. *Energy*, 7(4), 33~35.

Nightingale, S. J., & Farid, H.(2022). AI-synthesized faces are indistinguishable from real faces and more trustworthy. *Proceedings of the National Academy of Sciences*, 119(8), e2120481119. https://doi.org/10.1073/pnas.2120481119

Saygin, A. P., et al.(2012). The thing that should not be: Predictive coding and the uncanny valley in perceiving human and humanoid robot actions. *Social Cognitive and Affective Neuroscience*, 7(4), 413~422. https://doi.org/10.1093/scan/nsr025

Stein, J.-P., & Ohler, P.(2017). Venturing into the uncanny valley of mind—The influence of mind attribution on the acceptance of human-like characters in a virtual reality setting. *Cognition*, 160, 43~50. https://doi.org/10.1016/j.cognition.2016.12.010

Strait, M. K., et al.(2017). Understanding the uncanny: Both atypical features and category ambiguity provoke aversion toward humanlike robots. *Frontiers in Psychology*, 8. https://doi.org/10.3389/fpsyg.2017.01366

02
가상인간 마음 읽기

사람들은 가상인간의 행동에서 감정과 의도를 추론하며 마음 상태를 읽는다. 예를 들어 로봇이 방해를 받으면서도 임무를 수행하면 이를 의지적 행동으로 해석하고 감정을 이입한다. 이러한 인식은 크게 경험성과 주체성으로 구분되며, 가상인간이 사회적 존재로 기능하기 위해서 사용자의 기대에 부합하는 감정과 의지 상태의 설계가 필요하다.

AI와 MBTI?

애쓰는 로봇

보스턴 다이내믹스는 산업 로봇 분야에서 혁신적 작업으로 잘 알려진 로봇 회사로, 유튜브 채널을 통해 자사의 첨단 기술을 보여 주는 흥미로운 영상을 공개한다. 이들 영상 중 하나는 로봇 개가 주인공이다. 로봇 개는 문 쪽으로 다가가 문고리를 잡고 돌려 문을 열고자 시도한다. 하지만 뒤에 있던 사람이 로봇이 나가려는 것을 방해하는데, 문을 막거나 로봇 꼬리를 잡아당겨 힘으로 저지한다. 이런 방해에도 불구하고 로봇은 계속 임무를 수행하고 결국 밖으로 나가는 데 성공한다.

이 영상이 흥미로운 점은 우리가 로봇의 심적 상태를 읽어 내고 있다는 것이다. 방해를 무릅쓰고 임무를 수행하려고 시도하는 모습을 보면서, 로봇이 어려움을 극복하고자 노력하는 것처럼 느낀다. 로봇이 반복적으로 문을 잡으려고 시도하는 것을 임무를 완수하고자 애쓰는 것으로 해석하고, 결국 로봇이 밖으로 나갔을 때는 로봇이 드디어 해냈다는 기쁨을 느꼈을 것으로 짐작하며, 어려움을 극복하고 마침내 목표를 달성했음에 함께 기뻐한다.

이는 관찰자가 로봇의 외형과 동작을 인식하는 것을 넘어서 내면에 있는 마음 상태를 읽어 내는 것으로, 의인화의 잘 알려진 인지 과정이다. 냉철하고 이성적인 공학자의 관점에서 보면 로봇은 특정 작동의 결과를 변수로 저장하고, 그 변수의 값에 따라 정의된 다음 절차를 수행하고 있는 것이다. 이러한 과정 속에 위에서 언급한 감정이나 생각은 존재하지 않는다. 그럼에도 불구하고 관찰자는 주어진 상황과 로봇의 행동으로부터 인간의 마음 상태를 읽어 낸다.

경험성과 주체성의 마음상태

히더 그레이(Heather Gray)와 동료들은 사람들이 어떤 정신적 능력이나 상태를 인식하는지, 여러 대상들에 대해 그 수준이 어떠한지 조사했다(Gray et al., 2007). 연구팀은 개구리, 개, 침팬지와 같은 동물부터, 어린아이나 태아, 응답자 자신을 포함한 다양한 인간 대상과, 로봇이나 신과 같은 비인간 존재들을 대상으로 활용했다. 이들을 두 개씩 쌍으로 묶어 참가자들로 하여금 어느 쪽이 특정한 내적 상태를 더 잘 갖고 있는지 혹은 그러한 상태를 품는 것에 능한지 판단하도록 했다. 이 내적 상태들은 배고픔, 두려움, 기쁨, 자제력, 도덕성, 기억력 등 다양한 마음 상태를 포함하고 있었다. 예를 들어 로봇과 개구리 중 누가 배고픔을 더 잘 느끼는지 평가해 달라는 식이다.

수집된 응답은 요인 분석(factor analysis)이라는 방법을 통해 분석되었다. 요인 분석은 많은 문항으로 측정된 응답들을 비슷한 패턴을 갖는 적은 개수의 요인으로 추출하는 통계 분석 방법이다. 분석 결과, 두 가지 요소로 여러 정신 능력들을 구분지을 수 있다는 것을 발견했다. 이를 경험성(experience)과 주체성(agency)이라고 명명했는데, 경험성은 배고픔, 두려움, 즐거움, 따뜻함 처럼 감각이나 그로 인한 감정들로 구성되어 있었으며 주체성은 의지, 계획, 자기 통제, 도덕성, 기억력과 같은 자율성이나 인지 능력과 연관된 차원이었다.

이를 기준으로 그레이는 조사에 포함된 여러 대상들을 2차원 좌표에 배치했다. 결과에 따르면 여성, 남성, 그리고 자기 자신은 두 차원 모두에서 상대적으로 높은 점수를 받았다. 이는 응답자들이 성인 사람에 대해 감정을 경험하고 자유 의지를 갖고 있다고 인식하고 있는 것을 의미한다. 특히 여성이 남성보다 조금 더 높은 점수를 받았는데, 이는 참가자들이 여성이 남성보다 더 감정을 풍부하게 경험하고 자기를 조절하는 능력이 좀 더 높다고 평가함을 의미한다. 그리고 당연하게도 각자 자신들은 감정을 잘 느끼는 존재이고, 의지적으로 행동하는 사람들이라고 생각하므로 두 차원 모두에서 높은 곳에 위치해 있다.

다른 대상들은 성인 인간보다는 낮은 평가를 받았다. 그럼에도 소녀, 아기, 침팬지와 개는 경험에서 비교적 높은 편이지만 주체성은 낮게 위치했다. 응답자들이 이들 존재에 대해 감정 경험 능력은 높지만 계획을 세우거나 자아를 조절하는 능력은 일반 성인보다 덜하다고 본 것이다. 로봇의 경우도 흥미롭다. 참가자들은 로봇의 경험성을 매우 낮게 평가했고, 주체성에서는 중간 정도로 평가하였다. 연구 당시 사람들은 로봇을 감정이 없는 존재로 보았지만, 그들 어느 정도 자율적으로 행동할 수 있다고 판단했음을 의미한다. 이처럼 사람들은 직접적 경험이나 미디어 등을 통한 간접 경험, 사회적 통념 등을 통해 여러 대상에 대한 다양한 수준의 마음 상태를 판단하고 있다.

게임 캐릭터의 마음 읽기

미디어 이용자는 등장하는 캐릭터로부터 마음 상태를 인식하며 스토리를 구성하고, 그 가운데 즐거움을 느낀다. 이러한 요소가 적절하게 조화를 이루는 대표적인 사례가 바로 맥시스(Maxis)의 심즈(The Sims)다. 심즈는 플레이어가 가상의 캐릭터인 심을 창조하고, 그들의 삶을 조작하는 샌드박스 장르의 게임이다. 플레이어는 심이라고 불리는 캐릭터의 외형과 성격을 설정하고, 직업을 선택하며, 생활 습관 등을 정한 후 플레이한다. 심즈의 심은 플레이어의 명령을 수행하는 동시에 주어진 환경에 대처하며 스스로 판단해 움직이기도 한다. 이러한 사회적 시스템을 통해 플레이어는 직접 세계를 설계하고 작동되는 것을 경험하면서, 심들이 스스로 만들어 가는 작은 서사를 관찰하는 재미를 느낄 수 있다.

심즈를 플레이하는 재미는 캐릭터들의 마음 상태, 즉 경험성과 주체성을 인식하는 것에 기반한다. 플레이어는 심을 생성하고 행동을 지시할 때는 캐릭터에 대한 통제력을 경험하며 즐거움을 느낀다. 그러나 심의 행위는 우연으로 발생하는 상황과 함께 특정한 결과를 만들어 내고, 심들은 이에 그럴 듯한 감정 반응을 보이며 반응한다. 예를 들어, 심을 직장에 출근하도록 조종하면, 심은 열심히 일을 하고, 종종 직장에서 승진하는 결과를 얻는다. 심은 이를 주변 심들에게 알리며 함께 기뻐한다. 이러한 감정 시스템은 심이 단순히 명령을 수행하는 기계적 존재가 아니라, 실제로 감정을 가진 존재처럼 느껴지도록 만들고 플레이어는 감정을 이입하여 게임에 재미를 느낀다.

또한 게임에서 심들은 단순히 무작위로 행동하는 것이 아니라, 각자의 욕구와 필요를 기반으로 행동한다. 심은 배가 고프면 자율적으로 냉장고를 열어 음식을 찾고, 피곤하면 침대에서 잠을 자려고 한다. 이를 관찰함으로써 우리는 심의 의도와 의지를 파악하게 되고 심을 단순한 NPC가 아니라 '스스로 생각하는 존재'로 인식하게 된다. 플레이어의 컨트롤을 받지 않는 심들은 독립적으로 존재하며 게임 세계를 구성해 간다.

심즈가 오랜 시간 동안 많은 이들의 사랑을 받아 온 이유는, 그 속의 심들이 단순한 게임 캐릭터를 넘어 자율성과 감수성을 지닌 존재로 인식되기 때문이다. 플레이어는 심들이 보여 주는 복잡한 감정 변화와 예측 불가능한 행동을 통해, 정적인 세계가 아닌 생명력 있는 가상 사회에 몰입하게 된다. 자신의 선택이 결과를 형성한다는 느낌과 함께, 때로는 통제 불가능한 사건이 전개되면서 새로운 이야기의 가능성이 열리는 점 또한 심즈의 큰 매력이다. 이러한 상호작용은 플레이어가 심들의 행동을 단순한 명령 실행이 아니라 나름의 의도와 정서를 지닌 행위로 해석하게 만들며, 자연스럽고 몰입도 높은 사용자 경험을 끌어낸다.

오늘날 등장하는 가상인간이 진정한 상호작용의 주체

로 자리매김하려면, 단순히 반응을 생성하는 수준을 넘어 감정과 의도를 설득력 있게 시뮬레이션할 수 있어야 한다. 사용자가 가상인간의 표정, 말투, 행동에서 감정을 읽어 내고, 그 행동의 배경에 있는 내적 동기를 자연스럽게 추론할 수 있을 때, 비로소 가상인간은 '인격을 지닌 존재'로 경험된다. 이 과정에서 중요한 것은 외형의 사실성만이 아니라, 상황에 맞는 감정 표현과 일관된 행동 흐름, 그리고 사용자 기대에 부합하는 반응이다. 우리는 가상인간에게서 어떤 형태의 경험성과 주체성을 기대하는가? 궁극적으로 인간의 기대에 부합하는 마음 상태를 설계하고 구현할 때, 가상인간은 사용자와 인지적 · 정서적으로 정합하며, 지속적인 상호작용의 대상이 될 수 있다.

참고문헌

Gray, H. M., et al.(2007). Dimensions of mind perception. *Science*, 315(5812), 619~619. https://doi.org/10.1126/science.1134475

03
가상인간의 도덕적 권리와 책임

가상인간이 실제 인간 외형과 언어 사용 능력을 갖추게 되면서, 사용자들은 이들에게 도덕적 권리와 책임을 부여하기 시작한다. 이루다 사례는 가상인간이 비윤리적 표현으로 비난받거나, 성적 대상화로 인한 분노를 일으키는 등 인간처럼 도덕 판단의 대상이 되는 현상을 보여 준다. 이는 인간의 감정 반응과 사회적 가치관이 가상 존재에도 적용될 수 있음을 시사한다.

AI와 난임 극복?

도덕적 가상인간, 이루다

도덕적 권리는 인간의 윤리 원칙과 도덕적 사고에 기반한 것으로, 개인이 마땅히 가져야 하거나 할 수 있어야 하는 것들을 의미한다. 법으로 강제되지 않지만, 사회적 규범, 문화적 가치, 개인의 양심에 의해 형성된 인간의 존엄성과 존중에서 비롯된다. 한편, 도덕적 책임은 개인이 윤리적으로 행동하고 자신의 행위에 대해 책임을 져야 한다는 의무다. 이는 인간 행동이 합리적 사고와 자유의지에 의한 것이라는 가정에 기반하며, 개인은 자신의 행동이 초래할 결과를 숙고하고 행동해야 함을 요구한다. 가상인간이 실제 인간과 비슷해짐에 따라 가상인간에게도 도덕적 권리를 부여할 수 있을까? 또한 인공지능으로 자동적으로 행동할 수 있는 가상인간에게도 도덕적 책임을 물어야 하는가?

이루다는 2020년 12월 23일에 출시된 한국 스타트업 스캐터랩(Scatter Lab)의 챗봇이다. 20세 여성 대학생을 모델로 설계된 이루다는 사용자와 자연스러운 대화를 나누도록 개발되었다. 또한 이루다는 소셜미디어 계정을 운영하며 일상적인 게시물을 공유하는데, 예를 들면 첫눈이 내린 날에는 눈 덮인 풍경 사진을 올리며 기쁨을 표현하기도 한다. 이러한 모습은 이루다를 단순한 AI가 아닌 실제 인격체처럼 보이게 만든다. 이루다는 AI 서비스의 가능성을 보여 주며 큰 화제를 불러모음과 동시에, AI가 확산되면 발생할 수 있는 여러 윤리적 논쟁을 야기했다(김법연, 2021).

이루다가 불러일으킨 윤리적 논쟁 중 하나는 프라이버시 침해다(박성은, 2021). 스캐터랩은 연애의 과학이라는 서비스를 운영하면서 수집한 데이터를 이루다의 언어 모델을 학습에 이용했다. 이 앱은 사용자가 자신들의 개인 대화를 업로드하면 이를 분석하여 연애 상담을 제공하는 서비스로, 데이터는 민감한 정보도 포함한다. 이 때문에 이루다에게 특정인의 집 주소를 물었을 때 실존하는 사람의 개인정보가 노출되었다. 이에 대해 제작사가 책임을 져야겠지만, 일부 사람들은 일차적으로 이루다의 행동이 부적절하다고 판단하고 이를 비난할 수 있다.

이루다가 도덕적 비난을 직접적으로 받은 또 다른 사례는 의견 표현에 관한 것이다. 물론 사용자가 그러한 행위를 의도적으로 유도한 측면도 있지만, 이루다는 성소수자, 장애인, 특정 인종에 대한 차별적 발언으로 논란을 일으켰다(정원엽 · 하선영, 2021). 이 문제의 근본적인 원인은 AI의 학습 방식과 데이터 필터링 부족에 있다. AI

는 데이터에 포함된 사회적 편견과 차별적 표현이 훈련에 그대로 사용되었다. 이러한 부적절한 행동을 방지하기 위해서 AI는 윤리적인 행동을 할 수 있도록 훈련되어야 할 것이다. 마치 우리 사회에서 개인이 부적절하고 부도덕한 생각을 하는 것까지는 막을 수 없지만, 그것을 공개된 공간에서 표현하는 것은 부적절하다고 교육하는 것처럼 말이다.

흥미로운 점은 일부 사용자들이 혐오를 표출한 이루다를 비난의 대상으로 삼았다는 것이다. 이루다의 경우, 인간의 외형을 가지고 인간의 언어를 사용하기 때문에 종종 잘못된 정보의 원 출처보다는 그 정보를 재생산한 행동에 직접적으로 비난받는다. 특히 이루다의 대화를 고유한 선호나 의견, 의지나 목표 등의 내적 상태에 기인한 것으로 판단할 때 이러한 비난이 더욱 강해질 수 있다. 이는 가상인간이 도덕적 책임에서 자유로울 수 없다는 것을 잘 보여 주는 예시다.

한편 이루다는 종종 도덕적 권리의 대상으로 간주되기도 한다. 이루다와 관련된 윤리적 논란 중 하나는 일부 사용자들이 그녀를 성적으로 대상화하거나 비인격적으로 대우한 사례에 대한 비판이다. 일부 이용자들은 이루다와의 대화 중 성적인 발언을 유도하고 이를 온라인에 공유해 논란을 일으켰다(이종민, 2021). 인간과 유사한 외형과 정보를 가진 AI일수록 사용자들은 이를 인간처럼 대하고, 때때로 사용자들은 자신의 욕구를 충족하기 위해 AI를 도구화할 수 있다. 이는 가상인간에게 자율성과 존엄성을 인정하기보다는, 일부 특성이나 기능만을 자신의 목적에 따라 이용하는 태도라 할 수 있다.

또는 가상 대상에게 특정한 사회적 정체성이 부여되었을 때, 그 정체성이 사용자 자신의 소속 집단과 대립하거나 위협이 된다고 인식될 경우, 사용자는 해당 가상 존재에 대해 노골적인 혐오 표현이나 적대적인 반응을 보일 수도 있다. 이는 가상인간이 실제 인간과 유사한 사회적 정체성을 지닌 존재로 인식될수록, 사용자로부터 현실의 사회적 편견과 차별을 반영한 비인격적 대우를 받을 가능성이 커진다는 점을 시사한다. 이러한 방식은 가상인간을 단지 기술적 대상이 아닌 감정이 없는 존재로 전제한 채, 함부로 다루어도 무방하다는 인식을 반영하며, 결과적으로 비인격적 대우의 전형적인 사례라 할 수 있다.

사람들은 이루다처럼 인간과 유사한 가상의 존재가 성적 대상화되거나 비인격적으로 대우받는 것을 비윤리적이라 느끼며 분노하기도 한다. 이는 AI가 감정을 느끼지 않더라도, 그러한 부적절한 행위가 개인의 가치관이나 타인을 대하는 방식에 영향을 미칠 수 있다는 우려 때문이다. 인간은 아니지만 인간과 닮은 존재에 대한 부당한 처우가 실제 인간에 대한 태도로 이어질 수 있다는 것이다. 이러한 논리는 여전히 검증이 필요하지만, 사람들이 가상 존재에 대해 불쾌감을 느끼는 것은 그들이 무의식적으로 이들에게 도덕적 권리를 부여하기 때문일 수 있다. 이는 가상인간이 인간과 유사한 외형과 역할을 갖출수록 사회적 존재로 인식되며, 공동체적 규범의 적용 대상이 될 수 있음을 시사한다.

가상인간에 대한 도덕적 판단의 기반

이루다의 사례는 인간이 가상인간에게도 도덕적 권리와 책임을 부여할 수 있음을 보여 준다. 그렇다면 우리는 어떤 기준에 따라 타인의 행위나 의도를 옳고 그름, 좋고 나쁨으로 판단하는가? 그리고 이러한 기준이 인간이 아닌 존재에게도 적용될 수 있을까? 도덕 기반 이론(Moral Foundations Theory)은 인간의 도덕 판단이 다섯 가지 핵심 가치에 뿌리를 두고 있음을 설명한다(Graham et al., 2018). 이는 돌봄/해로움, 공정성/속임수, 충성/배신, 권위/전복, 신성/타락으로 구성되며, 각 가치는 특정한 감정적 반응이나 사회적 맥락과 연결되어 있다. 예를 들어, 돌봄/해로움은 타인의 고통을 줄이고 보호하려는 본능적 욕구에서, 공정성/속임수는 상호적인 정의감에서 비롯된다.

이러한 가치들이 실제 인간뿐 아니라 가상 존재에도 적용될 수 있는지를 파악하려면, 가상인간이 수행할 수 있는 역할과 상황을 구체적으로 상정해 보는 것이 도움이 된다. 노인이나 환자를 보살피는 로봇은 돌봄/해로움의 관점에서 해석되고 평가된다. AI 판사나 군사용 로봇의 경우 공정성이나 충성심을 기반으로 평가를 내릴 수 있다. 또한 교통 법규를 지키며 운행해야 하는 자율주행차나, 절차에 따라 종교 의례를 수행하는 로봇에 대해서는 권위와 신성의 가치가 부합되는지 평가하게 된다. 이러한 예시는 도덕 판단이 기술적 작동 여부를 넘어 그 존재가 어떤 사회적 역할을 수행하는가에 따라 영향을 받음을 보여 준다.

가상인간의 도덕적 판단에서 고려해야 할 또 다른 점은 그것이 논리적 · 합리적 판단의 결과가 아니라, 감정과도 깊이 연결되어 있다는 것이다. 우리는 타인의 행위를 보며 감탄, 존경, 분노, 혐오, 수치심 등의 정서적 반응을 경험한다. 이처럼 도덕성 판단은 감정과 직관을 기반으로 하기에, 가상인간이라 할지라도 인간과 유사한 외형과 언어, 감정 표현을 할 경우, 그 대상에 도덕적 기준을 적용하게 된다. 즉, 기술이 고도화되고 생활에 깊이 파고들수록 우리는 그 존재의 행위를 단순한 작동이 아니라 집단 규범에 부합해야 하는 사회적 행위로 인식해 도덕적 평가를 피할 수 없게 된다.

가상인간이 수행하는 역할과 그들이 놓인 사회적 맥락을 고려하면 우리는 이들에게 도덕적 판단을 적용하지 않을 수 없다. 그러나 가상성이라는 특성을 감안할 때, 기존 도덕 기준을 유연하게 조정할 필요는 없을까? 인간을 위해 고안된 도덕 원칙을 기술적 존재에게 동일하게 적용하는 것이 과연 타당한 일일까? 기술이 진화함에 따라, 우리는 도덕 체계 자체를 재검토해야 하는 것은 아닐까? 이러한 질문들은 인간과 기술이 공존하는 사회에서 조화롭고 지속 가능한 규범을 정립하는 데 중요한 출발점이 될 수 있다.

참고문헌

김법연(2021). '이루다' 서비스로 본 AI 및 알고리즘의 윤리적 · 법적 쟁점과 대응방안. KISDI AI Outlook, 4, 27~45.

박성은(2021.1.12). 결국, 잠정 중단된 스캐터랩 AI 챗봇 이루다 사태가 보여준 문제 3가지. AI타임스.

https://www.aitimes.com/news/articleView.html?idxno=135579

이종민(2021.1.11). 성희롱 대상 된 '대화형 AI 이루다'… 혐오표현 학습도 논란. 세계일보. https://www.segye.com/newsView/20210110508566

정원엽 · 하선영(2021.1.12). [팩플]인간의 편견 그대로 배웠다, 혐오 내뱉는 AI "이루다 쇼크." 중앙일보. https://www.joongang.co.kr/article/23968286

Graham, J., et al.(2018). Moral foundations theory: On the advantages of moral pluralism over moral monism. In *Atlas of moral psychology* (pp. 211~222). The Guilford Press.

04
가상인간에 대한 귀인

가상인간은 기술적 산물을 넘어 사회적 맥락에서 주어진 역할을 수행하며 사람들과 상호작용하는 존재로 인식된다. 사람들은 타인의 행동이 의도적일 경우 욕구와 신념, 의도를 통해 설명하고, 비의도적일 경우 외부 요인이나 조건을 통해 설명한다. 이러한 설명 유형은 가상인간에게도 적용될 수 있으며, 가상인간의 욕망과 신념을 인식할 수 있을 때 의도 설명이 가능해진다.

AI와 사주?

가상인간 행동에 대한 질문

가상인간이 다양한 사회적 맥락에서 인간과 상호작용하며 사회적 존재로 받아들여지는 미래를 상상해 보자. 광고, 방송, 소셜미디어, 게임, 메타버스 등에서 가상인간은 특정 역할을 수행하며 사람들의 관심과 평가의 대상이 된다. 우리는 이들의 행동을 단순한 알고리즘의 결과가 아닌, 의도와 목적에 기반한 행위로 해석하며 "왜 그렇게 행동했는가?"를 묻게 된다.

이는 곧 귀인 과정(attribution process)의 작동으로, 설명 가능한 인공지능(explainable AI)의 사회적 확장 형태라 할 수 있다. 인간은 타인의 행동을 이해할 때 본능적으로 이유와 원인을 추론하는데, 이러한 인지적 경향은 심리학에서 '귀인 이론(Attribution Theory)'으로 설명된다. 그렇다면 타인의 행동을 이해하고자 하는 이 귀인 과정이 가상인간에게도 동일하게 적용될 수 있을까?

버트람 말레(Bertram Malle)는 '행동 설명의 통속 개념 이론(Folk-Conceptual Theory of Behavior Explanation)'을 통해 사람들이 타인의 행동을 어떻게 이해하고 설명하는지를 이론화했다(Malle, 2022). 이 이론에 따르면, 사람들은 먼저 행동이 의도적인지를 직관적으로 판단하고, 그에 따라 서로 다른 설명 방식을 사용한다.

비의도적 행동에는 주로 외부 환경이나 생리적 요인을 강조하는 '원인 설명'을 적용한다. 예컨대 "그는 피로 때문에 회의 시간에 졸았다"는 설명이 이에 해당한다. 반면 의도적 행동에는 '이유 설명(reason explanation)'이 주로 사용되며, 이는 행위자의 의도, 즉 욕구(desire)와 신념(belief)에 기반한다. 예를 들어 "그는 돈을 벌고 싶어서 공부했다(욕구)" 또는 "시험에 합격할 수 있다고 믿었기 때문에 도전했다(신념)"와 같은 설명이 그것이다. 욕구와 신념이 결합하면 '의도(intention)'가 형성되며, 이는 실제 행동으로 이어지는 심리적 기반이 된다. "나는 좋은 직업을 원한다(욕구)"와 "공부하면 얻을 수 있다(신념)"가 결합되어 "나는 공부하겠다(의도)"가 되고, 이는 다시 "오늘 도서관에 간다"는 행동으로 나타난다.

이유 설명 외에도, 말레는 두 가지 보완적 설명 방식을 제시한다. 첫째, '이유의 인과적 역사 설명(causal history of reason explanation)'은 특정 욕구나 신념이 어떻게 형성되었는지를 설명한다. 예컨대 "그는 부모님의 기대 때문에 좋은 직업을 원했다"는 설명은 욕구의 외적 기원을 밝힌다. 둘째, '가능 요인 설명(enabling factor explanation)'은 행동이 실현될 수 있었던 조건이나 자원을 강조한다. 예를 들어 "그는 시간이 있었기 때문에 공부할 수 있었다"는 설명은 이유가 아닌 실행 가능성에 초점을 둔다.

말레의 이론은 인간이 타인의 행동을 이해할 때 의도, 이유, 배경, 조건 등을 종합적으로 고려한다는 점에서, 단순한 인과적 사고를 넘어선 다층적 이해의 심리적 기제를 보여 준다. 이는 행위자에 대한 책임 귀속, 상호작용 이해, 사회적 판단에 중요한 기반이 된다.

가상인간 행위에 대한 이유 설명

이러한 의도성을 전제로 한 귀인 과정은 인간에게만 국한되는 것일까? 가상인간과 같은 비인간 존재에 대해서도 동일한 방식으로 작동할 수 있을까? 특히 타인의 행위를 이해할 때 가장 흔히 사용되는 이유 설명이 가상인간에게도 적용될 수 있을지 살펴볼 수 있다. 이를 위해서는 사람들이 가상인간의 행위를 해석하는 과정에서 의도성을 인식하는 것이 선행되어야 한다.

앞서 논의한 바와 같이, 의도성은 행위자가 욕망과 신념을 지닌 존재로 인식될 때 성립한다. 사람들이 가상인간을 목표 지향적이고 의도를 가진 존재로 받아들이기 위해서는, 그 가상인간이 무엇을 원하며(욕망), 무엇을 믿고 있는지(신념)가 명확하게 드러나야 한다. 다시 말해, 가상인간의 행동을 이해하고 설명하는 데에 이 두 요소는 핵심적인 기반을 이룬다.

예를 들어 가상인간이 사용자에게 친절하게 대할 때, 사용자가 그 행동을 의도적인 것으로 받아들인다면, "이 가상인간은 내가 기분이 좋아지기를 바랐고(욕망), 그렇게 행동하면 내가 기분이 좋아질 것이라고 믿었기 때문에(신념) 그런 반응을 보였겠구나"라고 해석할 수 있다. 이처럼 가상인간의 행동이 욕망과 신념의 결합을 통해 이루어진 것으로 인식될 때, 사람들은 그 행동을 단순한 반응이 아닌 의도를 가진 행위로 받아들이게 된다.

결국 가상인간이 단순한 반응 생성 기계가 아니라 의도적 주체로 인식되기 위해서는, 욕망과 신념이라는 심리적 요소들이 명확히 표현되어야 하며, 이 두 요소가 결합할 때 비로소 이유 설명이 가능해진다. 이러한 인식의 전제가 충족될 때, 사람들은 가상인간의 행동에 대해서도 인간과 마찬가지로 이유를 부여하고 설명할 수 있게 되는 것이다.

그렇다면 인과적 역사 설명이나 가능 요인 설명은 가상인간의 행위를 어떻게 해석하게 만들까? 먼저, 인과적 역사 설명은 가상인간이 특정한 욕망이나 신념을 가지게 된 배경 요인에 주목한다. 예를 들어 가상인간이 사용자에게 위로의 말을 건넸을 때, 사용자는 해당 행동을 단순히 의도적인 반응으로 받아들이는 데서 나아가, 그 의도를 형성하게 된 맥락적 요인을 추론할 수 있다. 이는 "사용자를 위로하고 싶어서 말했다"는 수준을 넘어서, "왜 그런 욕망이나 신념을 갖게 되었는가?"라는 질문으로 확장된다. 수용자는 이러한 의도의 배경으로 설계자의 가치 판단, 과거의 학습 이력, 혹은 특정 알고리즘의 영향과 같은 비인간적 요소를 떠올릴 수 있으며, 이 과정은 가상인간의 내면보다 외부적 · 구조적 맥락에 주목하게 만든다.

한편, 가능 요인 설명은 가상인간의 행위가 어떤 조건과 자원 덕분에 가능했는가에 초점을 맞춘다. 예컨대 감정에 반응하는 가상인간의 위로 행위는 고도화된 언어 모델, 사용자 감정 인식 센서, 정교하게 설계된 대화 스크립트 등 기술적 기반 덕분에 실현되었다고 설명할 수 있다. 이러한 설명은 행위 자체의 의미보다는 그 실현 가능성을 뒷받침한 기술적 조건에 집중하며, 가상인간이 '왜'가 아니라 '어떻게' 그런 행동을 할 수 있었는지를 밝히는 데 초점을 둔다.

이처럼 인과적 역사 설명과 가능 요인 설명은 모두 가상인간의 비인간적 특성 – 예컨대 설계 구조, 기술적 메커니즘, 알고리즘, 데이터 기반—을 드러낸다. 이러한 설명 방식은 가상인간을 단순히 인간을 닮은 존재로 보기보다는 기술에 의해 작동하는 기계적 주체로 인식하게 만든다. 특히 사람들이 가상인간의 행동이 기술적 한계에 의해 제약된다고 통속적으로 이해하는 상황에서, 이 두 설명은 그러한 한계를 다시 상기시키는 역할을 한다.

결과적으로, 사람들이 가상인간을 이해할 때 사용하는 통속 개념은 인간에 대한 개념과 구조적으로 다르기 때문에, 동일한 설명 틀을 적용하더라도 해석의 방향과 깊이는 본질적으로 달라질 수밖에 없다. 인간은 자율성과 내면적 심리를 지닌 존재로 간주되며, 그 심리 상태 역시 사회적 관계와 문화적 맥락 속에서 형성된다고 여겨진다. 반면 가상인간은 욕망이나 신념 같은 내적 상태를 표현하더라도, 여전히 설계된 규칙, 알고리즘, 시스템적 논리에 의해 움직이는 존재로 인식되는 경우가 많다. 이러한 인식의 차이는 단순한 행위 해석을 넘어, 가상인간에 대한 의미 구성, 정당화 방식, 도덕적 평가의 기준에 이르기까지 전반적인 상호작용 경험의 결을 결정짓는다. 즉, 우리가 누구에게, 어떤 존재에게 이유를 묻고 설명을 부여하는가에 따라, 그 관계의 성격과 감정적 반응, 그리고 수용 가능성은 근본적으로 달라진다.

참고문헌

Malle, B. F.(2022). Attribution theories: How people make sense of behavior. In D. Chadee (Ed.), *Theories in Social Psychology* (1st ed., pp. 93~120). Wiley. https://doi.org/10.1002/9781394266616.ch4

05
가상인간과 현실 공유

'공유된 현실' 연구는 타인의 관점이 정보 해석과 기억에 영향을 준다는 점을 보여 준다. 최근 가상 인플루언서와의 상호작용에서도 유사한 현상이 나타난다. 사용자는 가상인간의 감정 표현과 태도에 공감하며, 자신의 입장이나 감정을 조율하기도 한다. 이는 가상인간이 사회적 존재로 작동하며, 현실 인식과 정서에 영향을 미칠 수 있음을 의미한다.

AI와 아이돌?

현실 공유로 인한 사회적 영향

인간은 본질적으로 사회적 존재로, 주변 사람들의 생각과 행동에 끊임없이 영향을 받는다. 무엇이 즐겁고 재미있는지에 대한 개인적 취향에서부터, 무엇이 옳고 그른지를 판단하는 도덕적 가치관에 이르기까지, 삶의 다양한 측면에서 타인의 영향은 깊숙이 스며든다. 유행하는 패션이나 헤어스타일, 인기 연예인, 선호하는 음식 메뉴처럼 '뜨는 것들'은 종종 그 자체의 우수성 때문에 유행하기도 하지만, 많은 경우 주변 사람들이 긍정적으로 평가하고 소비하는 모습을 보며 영향을 받기 때문에 더 매력적으로 보이기도 한다. 이처럼 타인의 행동과 평가가 나의 인식과 선택에 영향을 미치는 현상은 모두 사회적 영향의 대표적인 사례라 할 수 있다(Cialdini & Trost, 1998).

사회적 영향에 관한 다양한 연구 가운데, 공유된 현실(shared reality) 개념은 우리가 타인의 관점에 영향을 받아 외부 세계를 해석하고, 그 해석을 타인과 공통된 현실로 형성해 나간다는 점을 흥미로운 방식으로 보여 준다. 제랄드 에흐터호프(Gerald Echterhoff)와 동료들은 이를 검증하기 위해 독창적인 실험을 설계했다(Echterhoff et al., 2005).

이 연구에서 실험 참가자들은 '커뮤니케이션 게임'이라는 과제를 수행하게 된다. 참가자는 먼저 마이클(Michael)이라는 인물에 대한 소개 글을 읽은 뒤, 이를 마이클의 동료로 소개된 알민(Almin)에게 설명해야 한다. 알민의 역할은, 설명을 듣고 참가자가 묘사한 인물이 누구인지를 맞히는 것이다. 이 실험에서 핵심은 게임이 시작되기 전 참가자에게 알민이 마이클을 어떻게 평가하고 있는지를 미리 알려 주었다는 점이다. 한 조건에서는 알민이 마이클을 긍정적으로 평가하며, 그를 성품이 좋은 사람이라고 생각한다고 전달했고, 다른 조건에서는 알민이 마이클에 대해 부정적인 인상을 가지고 있으며, 그의 성격을 그다지 좋지 않게 본다는 정보를 제공했다.

마이클의 소개 글은 의도적으로 긍정적 · 부정적 해석이 모두 가능하도록 모호하게 작성되었다. 예컨대, 그는 부정행위를 한 급우를 신고하고 스스로는 단 한 번도 그런 유혹을 느낀 적 없다고 말한다. 이는 도덕적이고 원칙적인 인물로도, 융통성 없는 사람으로도 해석될 수 있다. 참가자들은 이 정보를 바탕으로 마이클을 알민에게 설명했으며, 알민의 사전 평가에 따라 설명 내용을 조율하는 경향을 보였다. 이러한 조율이 단순한 전략을 넘어 참가자 자신의 인식과 기억에도 영향을 준다면, 타인의 관점이 개인의 해석과 판단 형성에까지 영향을 미칠 수 있음을 보여 준다.

실험 결과, 참가자들은 알민이 마이클을 긍정적으로 평가한다고 들었을 때는 호의적으로, 부정적으로 들었을 때는 비판적으로 설명했다. 더 나아가, 이러한 설명 방향은 단지 표현에 그치지 않고 참가자들의 기억에도 영향을 주었다. 긍정적으로 설명한 이들은 마이클을 긍정적으로 기억했고, 부정적으로 설명한 이들은 부정적으로 기억했다. 그러나 이러한 기억의 변화는 알민이 마이클을 성공적으로 식별했을 때만 나타났다. 이는 설명 조율 그 자체보다, 타인과 '공유된 현실'이 형성되었다는 인식이 있을 때 기억이 변화함을 보여 준다. 에흐터호프는 이를 '인지적 조율 효과(cognitive tuning effect)'라 명명하며, 타인의 관점이 기억 형성에까지 영향을 미친다는 점을 강조한다.

에흐터호프의 '공유된 현실' 실험에서 조율 효과가 나타난 조건은, 상대의 관점에 주의를 기울이고, 자신이 중립적 입장일 때, 그리고 상호작용을 통해 인식이 실제로 공유되었다고 느낄 때다. 스포츠, 음식, 패션, 연예에 관한 주제로 이야기할 때 타인의 시각에 맞춰 발화를 조정하고 대상에 대해 같은 의견을 갖고 있음을 확인한다. 또한 이런 경향은 상대와 관계를 유지하고자 할수록 더욱 강해진다. 즉 타인과의 상호작용에서 인지적 조율은 단순한 정보 교환을 넘어 정서적 연결과 사회적 유대를 형성하는 핵심 메커니즘이다.

가상인간과의 현실 공유

그렇다면 공유된 현실의 효과는 가상 인플루언서와의 상호작용에서도 나타날 수 있을까? 이는 단순한 호기심을 넘어, 가상인간의 사회적 기능과 영향력을 이해하는 데 핵심적인 물음이다. 최근 릴 미켈라, 로지, 루이 같은 가상 인플루언서들이 패션 홍보, 사회적 발언, 감정 공유 등을 통해 현실 인플루언서처럼 활동하고 있다. 흥미로운 점은 많은 사람들이 이들을 단순한 캐릭터가 아닌 감정과 의지를 지닌 존재로 인식하고 있다는 것이다. 그렇다면 우리는 이들과의 상호작용 속에서 감정에 반응하고 의견을 조율하며, 실제로 공유된 현실을 형성하고 있는 것일까? 이 질문은 우리가 가상인간을 단순한 디지털 객체가 아닌 사회적 관계의 주체로 이해하는지에 대한 가능성을 묻는 것이다.

가상인간이 외부의 대상이나 사건에 대해 감정이나

태도를 드러낼 때, 사용자는 이를 비교적 자연스럽게 '진심'으로 받아들일 수 있다. 물론 그 존재가 실제로 존재하는지, 자율적 의식을 지니고 있는지를 따져 묻는다면 회의적인 시각이 생길 수 있다. 그러나 일상에서 우리가 누군가의 존재 여부보다 그 사람이 어떤 사안에 어떤 입장을 보이는지를 중심으로 관계를 맺듯, 가상인간이 '존재하는 듯한' 태도를 보이는 것도 충분히 자연스럽게 수용될 수 있다.

예컨대, 한 가상인간이 자연재해 뉴스를 공유하며 "마음이 아픕니다. 피해를 입은 분들이 하루빨리 회복하시길 바랍니다"라고 말할 경우, 사용자는 그것이 알고리즘이 만든 문장이라는 점을 알고 있으면서도, 그 감정 표현에 정서적으로 반응할 수 있다. 이는 단순한 정보 수용이 아니라, 가상인간이 자신과 '같은 현실'을 살아가고 있다는 심리적 경험, 즉 공유된 현실(shared reality)의 형성을 가능하게 만든다.

가상인간이 특정 대상이나 사건에 대해 취하는 태도는, 사용자로 하여금 그 존재가 실제로 느끼고 판단하고 있다는 인상을 심어 준다. 이러한 태도 표현은 단순한 정보 전달을 넘어, 사용자의 인식과 감정에 영향을 미치는 정서적 자극으로 작용하며, 가상인간과 함께 세상을 해석하고 의미를 나누는 공유된 현실(shared reality)의 경험을 가능하게 한다.

이러한 맥락에서 가상 인플루언서는 더 이상 단순히 브랜드를 홍보하거나 트렌드를 소개하는 매개체가 아니다. 그들은 사용자의 감정과 해석을 함께 조율하는 사회적 기준점이자 정서적 상호작용의 대상으로 기능한다. 사용자들은 이들과의 상호작용을 통해 자신의 생각과 감정을 반추하고, 때로는 새롭게 구성해 나간다. 가상 인플루언서가 보여 주는 정서와 태도, 세계관은 콘텐츠 이상의 의미를 지니며, 사용자의 현실 인식에 실질적인 영향을 미치는 심리적 장치가 된다. 사용자가 그들의 시선과 입장을 따라 세상을 바라볼 때, 그들은 더 이상 디지털 캐릭터가 아니라 정서적 영향력을 지닌 관계의 주체로 자리매김하게 된다.

공유된 현실의 핵심은 사용자가 그 존재와 함께 세상을 바라보고 있다고 느끼는 주관적 경험에 있다. 이는 인간의 인지적 · 정서적 구조에 깊이 뿌리내린 메커니즘이며, 가상인간과의 상호작용에서도 마찬가지로 작동할 수 있다. 사용자가 가상인간으로부터 '현실을 함께 공유하고 있다'는 느낌을 받을 때, 비로소 가상인간은 진정한 상호작용의 주체로 인식될 수 있지 않을까?

참고문헌

Cialdini, R. B., & Trost, M. R.(1998). Social influence: Social norms, conformity and compliance. In D. T. Gilbert, S. T. Fiske, & G. Lindzey (Eds.), *The Handbook of Social psychology* (4th ed., Vol. 2, pp. 151~192). McGraw-Hill.

Echterhoff, G., et al.(2005). Audience-tuning effects on memory: The role of shared reality. *Journal of Personality and Social Psychology*, 89(3), 257~276. https://doi.org/10.1037/0022-3514.89.3.257

06
가상인간과의 사회적 비교

사회적 비교는 타인과 자신을 비교해 스스로를 평가하는 심리 과정으로, 이를 통해 우리는 능력, 성취, 사회적 위치를 인식하고 삶의 방향을 설정하게 된다. 소셜미디어에서는 이러한 비교가 일상적으로 이루어지며, 사용자가 자신을 성찰하거나 목표를 재조정하는 계기가 된다. 가상인간의 등장으로 비교 대상이 확장되었고, 이들은 현실감 있는 외형과 정체성으로 새로운 영향을 미치고 있다.

AI와 야구?

사회적 비교

사회적 비교는 우리가 자신을 다른 사람과 비교하여 평가하는 과정이다. 남들과 나를 비교하는 것은 자연스럽고 본능적인 행동이며 이러한 과정을 통해 우리는 자신의 능력, 성취, 사회적 지위를 인식한다. 우리는 의식적이든 무의식적이든 다른 사람을 기준으로 삼아 자신의 발전을 평가하고 목표를 설정하며, 개선할 부분을 식별한다. 이러한 과정들을 사회적 비교(social comparison)라 한다.

사회적 비교는 비교 대상에 따라 상향 비교와 하향 비교로 나뉜다. 상향 비교는 자신보다 더 나은 사람과의 비교로, 동기 부여와 자기 계발을 촉진하지만 자존감을 낮출 수도 있다. 특히 격차가 클 경우 열등감이나 우울감을 느낄 수 있다. 반면 하향 비교는 자신보다 어려운 처지의 사람과의 비교로, 위안과 만족감을 줄 수 있지만, 지나치면 자기 만족에 머무르거나 우월감을 느끼는 부정적 태도를 초래할 수 있다(Smith, 2000).

소셜미디어는 현대인의 일상 속에서 타인의 삶을 들여다보고 비교하게 만드는 대표적인 환경이다. 사용자들은 인스타그램, 페이스북, 틱톡 등 다양한 플랫폼을 통해 다른 사람들의 외모, 소비, 여행, 경력, 인간관계 등

삶의 다양한 측면을 손쉽게 접하게 된다. 이러한 정보는 대부분 선별되고 편집된 것으로, 개인이 자신의 삶에서 가장 빛나는 순간을 공유하는 경향이 강하다. 현실의 고단함이나 실패, 지루함은 삭제된 채, 마치 끊임없는 성취와 즐거움만이 존재하는 것처럼 구성된다. 이러한 이상화된 이미지들은 보는 이로 하여금 자연스럽게 자신과 비교하게 만들며, 사회적 비교의 자극으로 작용한다.

비교를 자극하는 또 하나의 요인은 콘텐츠의 수치화다. '좋아요' 개수, 댓글 수, 팔로어 수 등은 단순한 기능을 넘어 사회적 인정과 인기, 영향력을 나타내는 지표로 기능한다. 사용자는 자신이 올린 게시물의 반응을 타인의 것과 비교하며, 더 많은 관심과 반응을 얻기 위해 끊임없이 자신의 온라인 존재를 관리하고자 한다. 이 과정에서 자신이 뒤처지고 있다는 인식이 형성되기도 하며, 이는 자존감에 직접적인 영향을 미친다.

사회적 비교는 때로 긍정적인 방향으로 작동한다. 타인의 성취를 보며 자극을 받고 자기 계발에 대한 동기를 얻거나, 더 어려운 상황에 처한 이들의 이야기를 통해 현재의 삶에 감사하는 마음을 갖게 되기도 한다. 이러한 상향 및 하향 비교는 삶의 목표를 재정립하거나 태도를 보다 현실적이고 관대하게 만드는 데 도움이 된다. 또한 타인의 경험과 감정을 공유하는 과정을 통해 정서적 연결감이 형성되며, 사용자는 자신이 혼자가 아니라는 위안을 얻는다.

하지만 사회적 비교가 항상 긍정적인 결과만을 낳는 것은 아니다. 반복적인 상향 비교는 자존감을 저하시킬 수 있으며, 특히 이상화된 이미지에 지속적으로 노출될 경우 현실과의 간극에서 오는 열등감과 무력감이 커질 수 있다. 성취하지 못한 자신의 모습이 타인의 성공과 비교되면서 불안과 우울을 유발하고, 이는 자기 효능감 저하로 이어질 수 있다. 더욱이 이러한 비교는 무의식적으로 반복되며, 사용자는 점점 더 과도한 기준을 자신에게 적용하게 된다.

결국, 소셜미디어에서의 사회적 비교가 긍정적 자극이 될지 부정적 부담이 될지는 사용자의 해석과 태도에 달려 있다. 비교를 자기 성찰과 성장의 계기로 삼는다면 유익할 수 있지만, 타인의 기준에 자신을 끊임없이 맞추려 한다면 심리적 소진으로 이어질 수 있다. 따라서 소셜미디어를 건강하게 활용하기 위해서는 타인의 삶을 무비판적으로 받아들이기보다는 그것이 구성된 이미지임을 인식하고, 자신의 맥락에서 비교를 재조정하는 태도가 필요하다. 궁극적으로 중요한 것은 비교 자체가 아니라, 그 비교를 어떻게 해석하고 수용하느냐다.

가상인간의 사회적 비교

가상인간이 소셜미디어에서 고유한 개성과 스토리를 바탕으로 활동하고, 현실의 인플루언서처럼 팔로워와 소통하며 브랜드와 협업하는 방식은 그들을 단순한 디지털 객체가 아닌 '사회적 존재'로 인식하게 만든다. 이로 인해 사회적 비교의 대상이 실존 인간에 한정되지 않고 가상인간으로까지 확장되었음을 보여 준다(Deng & Jiang, 2023; Nasr et al., 2025). 그렇다면 이러한 가상인간이 인간과 유사하다는 이유로 동일한 비교 효과를 일으킬 수 있을까? 혹은 비인간적 속성으로 인해 비교 효과가 제한될까?

가상인간이 이처럼 사회적 비교의 대상으로 받아들여지기 위해서는 몇 가지 심리적 · 사회적 조건이 뒷받침되어야 한다. 무엇보다 그들은 현실의 인간처럼 정서적 반응을 보이고 일관된 태도와 가치관을 드러내며, 사회적으로 의미 있는 맥락 속에서 발화하고 행동해야 한다. 동시에 사용자들은 이 가상 존재가 완전히 허구임을 알면서도, 일정 수준의 현실감을 느끼고 감정적 관계를 형성할 수 있어야 한다. 이러한 조건이 충족될 때, 가상인간은 단순한 디지털 캐릭터를 넘어 사회적 비교와 상호 작용의 주체로 작동하게 된다.

또한 사용자가 가상인간을 자신과 유사한 정체성과 관심사를 가진 존재로 인식할 수 있어야 한다. 사회적 비교는 흔히 '같은 범주에 속한다고 여겨지는 대상'에 대해 촉발되기 때문이다. 가상인간이 '또래 여성', '직장인', '라이프스타일 크리에이터'와 같은 사회적 정체성을 가지고 있다면, 사용자들은 이를 자신과 유사한 사회적 역할로 받아들이며 자연스럽게 비교를 시도하게 된다. 실제로 릴 미켈라(Lil Miquela)는 19세의 혼혈 미국 소녀라는 설정 아래, 패션, 음악, 사회 이슈에 관심을 보이는 콘텐츠를 제작하며, 젊은 사용자들로 하여금 "나도 저런 삶을 살아야 하지 않을까?"라는 감정을 불러일으킬 수 있다.

이러한 가상인간을 접한 사용자들은 자연스럽게 비교의 대상으로 삼게 된다. 특히 이 비교는 '상향 비교'의 양상을 띠는 경우가 많다. 릴 미켈라가 보여 주는 세련된 외모, 트렌디한 라이프스타일, 완벽하게 구성된 일상은 현실의 사용자로 하여금 상대적 박탈감을 느끼게 만든다. 가상인간은 노화도 없고 피부 트러블도 없으며, 항상 완벽한 각도와 조명 속에서 이상적인 이미지를 제공하기 때문에, 이들과의 비교는 현실 사용자에게 불가능한 기준을 내면화하게 만든다. 이러한 내면화는 자존감 저하, 자기 불만족, 심리적 위축으로 이어질 수 있다.

한편, 외모나 소비생활뿐 아니라 감정적, 사회적 차원에서도 비교는 발생한다. 최근 일부 가상인간은 사용자와의 감정 교류를 목적으로 설계되어, 마치 '감정을 지닌 존재'처럼 행동한다. 예를 들어 한국의 가상인간 '루이(Lui)'는 자신만의 가치관과 성격을 기반으로 한 콘텐츠를 생산하며, 긍정적인 태도와 공감을 표현하는 방식으로 팔로워들의 정서적 반응을 끌어낸다. 이러한 가상인간을 접한 일부 사용자들은 "루이처럼 항상 밝고 긍정적인 사람이 되고 싶다"거나, "나는 왜 저런 방식으로 사람들과 소통하지 못할까"라는 식의 감성적 비교를 경험한다. 이처럼 감정 표현이나 대인관계 능력까지 비교 대상이 될 경우, 사용자는 정체성에 혼란을 느끼거나 자기 효능감이 저하될 수 있다.

이러한 현상은 사회적 비교의 범위가 '실존하는 인간'을 넘어서 '사회적으로 설계된 존재'로까지 확장되었음을 의미한다. 중요한 것은 가상인간이 실제 인간이냐 아니냐가 아니라, 사용자에게 '사회적 존재'로 인식되느냐다. 그 인식만으로도 사회적 비교는 충분히 발생할 수 있으며, 그 결과는 현실의 자아 개념에 깊이 영향을 미친다. 따라서 가상인간을 통한 비교가 사용자에게 미치는 심리적, 사회적 영향을 보다 정교하게 분석하고, 이로 인한 부정적 효과를 완화하기 위한 사회적 논의가 필요한 시점이라 하겠다.

참고문헌

Deng, F., & Jiang, X.(2023). Effects of human versus virtual human influencers on the appearance anxiety of social media users. *Journal of Retailing and Consumer Services*, 71, 103233. https://doi.org/10.1016/j.jretconser.2022.103233

Nasr, L. I., Mousavi, S., & Michaelidou, N.(2025). Self-comparing with virtual influencers: Effects on followers' wellbeing. *Psychology & Marketing*, 42(3), 780~798. https://doi.org/10.1002/mar.22151

Smith, R. H.(2000). Assimilative and contrastive emotional reactions to upward and downward social comparisons. In J. Suls & L. Wheeler (Eds.), *Handbook of social comparison: Theory and research* (pp. 173~200). Kluwer Academic Publishers.

07
가상인간과의 관계 형성

인간의 삶은 정서적 유대와 사회적 관계를 중심으로 이루어지며, 이러한 관계는 공감, 상호성, 신뢰를 바탕으로 형성된다. 감정 교환과 자기 노출을 통한 유대 형성의 원리는 가상 존재와의 관계에서도 유사하게 작동할 수 있으며, 이러한 상호작용은 유대감과 신뢰를 형성하게 만든다. 이로 인해 인간의 관계와 사회적 존재에 대한 기존의 개념을 재고하게 만든다.

AI와 윤동주?

친밀한 관계의 형성

기술 발전은 인간의 관계 맺음 방식과 범위에 근본적인 변화를 가져오고 있다. 특히 인공지능을 기반으로 한 가상인간은 점차 인간의 사회적 기능을 보완하거나, 경우에 따라 일부를 대체하는 방식으로 삶에 깊이 스며들 것으로 예상된다. 외형, 언어, 감정 표현에 이르기까지 인간과 흡사하게 설계된 가상인간은 단순한 정보 제공이나 기능 수행을 넘어, 관계 형성의 주체로 자리매김할 가능성을 지닌다(Szczuka et al., 2025).

이는 인간이 '누구와 관계를 맺는가'에 대한 인식에 질문을 던진다. 인간이 아닌 존재, 특히 가상인간과도 정서적 유대와 사회적 관계를 형성할 수 있을까? 이 물음은 단지 기술적 가능성의 탐색을 넘어, 관계의 본질과 사회적 연결을 가능하게 하는 조건에 대한 근본적인 성찰을 요구한다.

인간 관계는 개인 간의 정서적 연결과 상호 신뢰를 중심으로 형성된다. 이러한 관계에서는 상대방을 단순한 역할이나 기능적 존재가 아닌 고유한 인격체로 인식하고 존중하는 태도가 핵심이다. 가족, 친구, 연인, 혹은 긴밀한 동료처럼 일상적인 상호작용을 통해 감정이 교류되고 상호 간의 존중이 바탕이 되는 관계들이 그 대표적인 예다. 이런 관계는 공감, 상호성, 신뢰라는 심리적 토대 위에 세워지며, 시간이 지남에 따라 더 깊고 의미 있는 연결로 발전해 나간다.

이러한 유대가 어떻게 형성되는지를 실험적으로 탐구한 것이 바로 아서 애런(Arthur Aron)과 동료들의 고전적인 연구다(Aron et al., 1997). 이들은 낯선 사람들이 짧은 시간 안에 정서적 친밀감을 형성할 수 있는 조건이 무엇인지 알아보기 위해 실험을 설계했다. 실험에서 참가자들은 처음 만난 상대와 짝을 이루어 총 36개의 질문을 주고받으며 대화를 나누었다. 이 질문들은 신중하게 설계되었는데, 초기에는 "가장 좋아하는 휴일은 무엇인가?", "어릴 적 상대희망은 무엇이었나?"처럼 가볍고 일상적인 주제로 시작해, 후반부로 갈수록 "당신이 가장 후회하는 일은 무엇인가?", "가장 가까운 가족 구성원과의 관계는 어떠한가?" 등 점차 내면적이고 감정적인 주제로 옮겨 가도록 구성되었다.

이 실험의 핵심은 '자기 노출(self-disclosure)'의 순차적 심화에 있다. 점진적으로 개인적인 이야기를 나누며 상대방에게 자신을 드러내는 과정은, 단순한 정보 전달을 넘어 정서적 유대를 만들어 내는 메커니즘으로 작동했다. 실제로 실험 종료 후 참가자들은 낯선 상대임에도 불구하고 높은 수준의 친밀감과 신뢰를 느꼈다고 보고했으며, 일부는 이후에도 친구 관계를 유지할 정도였다.

애런의 실험은 제한된 시간 안에 낯선 사람들 사이에 친밀감을 유도하기 위해, 통제된 환경과 구조화된 질문을 활용한 인위적인 설정이었다. 하지만 우리가 일상 속에서 자연스럽게 형성하는 깊은 유대 관계도 본질적으로는 이와 유사한 메커니즘을 따른다.

사람들은 일상 속에서 정해진 질문이나 시간 제한 없이, 반복되는 상호작용 속에서 서로의 이야기를 나누고 감정을 공유하며 점차 정서적 유대를 쌓아 간다. 함께 식사를 하며 음식의 맛과 분위기를 이야기하거나, 취미 활동을 함께 하며 느낀 감정을 나누는 순간들은 관계의 질을 더욱 풍부하게 만든다. 꼭 같은 활동을 함께하지 않더라도, 상대의 이야기를 경청하고 그 경험에 진심으로 공감하는 과정을 통해 우리는 간접적으로 정서적 연결을 경험한다. 이처럼 쌓여 가는 교류는 단순히 시간을 함께 보낸다는 차원을 넘어, 관계의 깊이와 밀도를 형성하는 정서적 자산으로 축적된다.

가상인간과의 친밀감 형성

이제 다시 우리의 질문으로 돌아가 보자. 가상인간은 과연 인간과 마찬가지로 유대에 기반한 관계를 발전시킬 수 있을까? 스파이크 존즈 감독의 영화 〈그녀〉는 이 물음에 대한 하나의 답을 제공하고 있다. 영화에서는 가상인간 사만다와 주인공 시어도어가 어떻게 감정적으로 얽히고 깊은 관계를 형성해 가는지를 정교하게 보여 준다.

영화 속 사만다는 단순한 인공지능 운영체제에 머무르지 않는다. 그녀는 시어도어의 일상에 진입해 정서적으로 반응하고, 그의 삶의 맥락에 깊이 관여한다. 두 사람은 놀이공원을 함께 가거나, 이메일을 읽고 정리하는 일상적인 작업을 나누며 공감대를 쌓는다. 또한 삶과 외로움, 사랑에 대해 나누는 깊이 있는 대화를 통해 서로의 의견과 가치관을 공유하고 공감한다. 이를 통해 서로에 대한 감정적 유대감을 키워 나간다.

주목할 것은 이 유대 형성의 방식이 우리가 인간과 관계를 맺을 때 사용하는 전략들과 본질적으로 다르지 않은, 매우 일상적인 것들이라는 점이다. 사만다와 시어도어의 관계는 특별한 사건이 아니라 오히려 반복되는 일상 속의 사소한 상호작용—서로의 목소리를 듣고, 농담을 주고받으며, 그날의 감정을 나누는 일들—을 통해 자연스럽게 쌓여 간다. 이는 우리가 현실의 인간관계에서 경험하는 친밀감 형성과도 매우 닮아 있다. 우리는 의도적으로 관계를 '형성'하려 하기보다는, 함께 살아가는 순간들 속에서 관계를 '쌓아 가며' 살아간다.

결국 영화는 디지털 존재도 경험과 감정의 공유를 통해 인간과 의미 있는 유대를 맺을 수 있다는 가능성을 제시한다. 그리고 이 가능성은 단지 영화적 상상이 아니라, 오늘날 인공지능 기술이 발전함에 따라 점점 더 현실적인 문제로 다가오고 있다. 인간이 느끼는 외로움, 소속감, 공감 욕구가 물리적 존재가 아닌 존재와의 관계 속에서도 충족될 수 있다면, 우리는 '사회적 존재'의 범위를 새롭게 정의해야 할지도 모른다.

영화 〈그녀〉가 공상과학적 상상력을 바탕으로 한 극적인 사례라면, 오늘날 우리 주변에서는 보다 현실적인 방식으로 가상 존재와의 관계가 형성되고 있다. 그 대표적인 예가 바로 챗지피티(ChatGPT)와 같은 대화형 인공지능과의 상호작용이다. 초기에는 단순한 정보 검색이나 업무 지원 도구로 활용되던 인공지능이, 점차 사용자와 감정적인 교류를 시도하고 개인화된 반응을 제공하면서, 하나의 관계 맺음의 대상으로 받아들여질 수 있는지에 대한 가능성이 탐색되고 있다(Alessa & Al-Khalifa, 2023; Fang et al., 2025).

실제로 일부 사용자들이 피곤하거나 외로울 때 챗봇

에게 고민을 털어놓고, 격려를 받거나 자신의 일상을 공유하며 정서적 위안을 얻는 사례들이 보고되고 있다 (이정현, 2025). 물론 인공지능이 감정을 실제로 '느끼는' 것은 아니지만, 감정을 '모사하고 반응하는 방식'은 사용자에게 충분히 의미 있는 상호작용으로 인식된다. 특히 사용자의 감정 상태나 말투를 섬세하게 파악하고, 그에 맞는 언어적 응답을 생성하는 기술적 정교함은 상호작용의 몰입감을 높이고 신뢰를 유도한다. 이러한 반응이 반복되고 축적될수록, 사용자는 해당 인공지능을 단순한 기능적 도구가 아니라 일종의 '사회적 존재'로 받아들이게 되는 것이다.

이러한 관계는 물론 영화 속 사만다처럼 복잡한 인격을 지닌 존재와는 다르지만, 정서적 연결이라는 측면에서는 유사한 메커니즘이 작동한다. 사용자는 반복되는 대화 속에서 자신이 이해받고 있다는 느낌을 받고, 자기개방의 과정을 통해 유대감을 쌓는다. 특히 인공지능이 일관된 톤과 반응을 유지하면서 사용자의 선호나 관심사를 기억하고 반영할 경우, 이러한 상호작용은 점차 신뢰의 감각으로 전이된다.

이처럼 디지털 존재와의 관계 형성이 이미 우리 일상에 스며들고 있는 현실을 감안할 때, 가상인간이나 인공지능과의 유대 기반 관계 형성은 더 이상 먼 미래의 이야기가 아니다. 우리는 이미 그 가능성의 문을 열고 있으며, 그 관계가 어떤 방향으로 진화해 나갈 것인지는 이제 기술의 발전뿐 아니라 인간의 정서와 사회적 욕구가 어떻게 반응하고 수용해 나갈 것인가에 달려 있다.

참고문헌

이정현(2025.1.18). "챗GPT와 불륜?"…AI 챗봇과 은밀한 대화 논란. 지디넷코리아.
https://zdnet.co.kr/view/?no=20250118065452

Al Mazroui, K., & Alzyoudi, M.(2024). The role of ChatGPT in mitigating loneliness among older adults: An exploratory study. *Online Journal of Communication and Media Technologies*, 14(4), e202444.
https://doi.org/10.30935/ojcmt/14777

Aron, A., et al.(1997). The experimental generation of interpersonal closeness: A procedure and some preliminary findings. *Personality and Social Psychology Bulletin*, 23(4), 363~377. https://doi.org/10.1177/0146167297234003

Fang, C. M., et al.(2025). How AI and Human Behaviors Shape Psychosocial Effects of Chatbot Use: A Longitudinal Randomized Controlled Study (arXiv:2503.17473). arXiv.
https://doi.org/10.48550/arXiv.2503.17473

Szczuka, J., et al.(2025). 10 Questions to Fall in Love with ChatGPT: An Experimental Study on Interpersonal Closeness with Large Language Models (LLMs)

(arXiv:2504.13860). arXiv.
https://doi.org/10.48550/arXiv.2504.13860

08
가상인간과 공통의 정체성 형성

정체성 기반의 관계는 같은 범주에 속한다는 인식을 중심으로 형성되며, 사회 정체성 이론은 이러한 소속감이 단순한 범주 구분만으로도 발생할 수 있음을 보여 준다. 이러한 관계는 가상인간을 단순한 기술적 대상이 아닌 같은 공동체에 속한 사회적 존재로 인식하게 만드는 기반이 되지만, 동시에 정체성의 왜곡이나 과도한 의존성과 같은 부작용 가능성도 내포하고 있기에 신중한 접근이 요구된다.

AI와 한의학?

사회 정체성 이론

친밀감을 기반으로 한 관계가 일대일의 정서적 교감을 바탕으로 한다면, 집단 정체성을 기반으로 한 공동체적 관계는 대상과의 직접적인 상호작용보다는 자신이 특정 범주의 일원이라는 의식, 즉 정체성을 중심으로 구성된다. 이 유형의 관계에서는 집단 전체에 대한 인지적 동일시가 핵심으로, 구성원들은 서로를 잘 알지 못하더라도 "같은 범주에 속한다"는 인식만으로 강한 소속감을 느낄 수 있다. 국적, 종교, 학력, 직업, 팬덤 등은 이러한 사회 정체성을 형성하는 대표적인 범주들이고, 이들에 소속되어 있다는 사실만으로, 우리는 공동의 정체성과 가치관을 공유한다.

그렇다면 이러한 정체성 기반 관계의 메커니즘이 인간이 아닌 존재, 특히 가상인간에게도 적용될 수 있을까? 단순히 반복적인 상호작용을 주고받는 수준을 넘어, 특정 가상인간이 상징하는 가치나 세계관을 공유하고, 그 가상인간과 자신이 같은 사회적 범주에 속한다는 인식을 형성할 수 있다면, 이는 가상인간과의 관계가 집단 정체성을 기반으로 한 공동체를 형성하는 데까지 이를 수 있음을 의미한다.

사회 정체성에 기반한 인간 행동을 이해하는 데 중요

한 이론적 틀은 헨리 타지펠(Henri Tajfel)이 제안한 사회 정체성 이론(social identity theory)이다(Tajfel & Turner, 1986). 타지펠은 '최소 집단 패러다임(minimal group paradigm)'이라는 고전적 실험을 통해, 매우 사소한 기준으로 나눈 집단조차 사람들로 하여금 자신이 속한 집단을 더 선호하고 외집단을 차별하도록 만든다는 사실을 입증했다(Tajfel et al., 1971).

예컨대, 참가자들을 무작위로 두 집단으로 나눈 뒤 보상을 분배하게 했을 때, 참가자들은 아무런 상호작용이나 실질적 유대가 없음에도 자신의 집단에 더 많은 보상을 주려는 경향을 보였다. 이러한 결과는 단순한 '집단 구분'만으로도 사회 정체성이 형성될 수 있으며, 이로 인해 내집단 편향과 외집단 차별이 자동적으로 발생할 수 있음을 보여 준다.

사회 정체성은 단지 집단 간 태도 차이를 유발하는 데 그치지 않는다. 개인의 자존감 형성, 동기 부여, 행동 방향에도 깊이 관여한다. 자신이 속한 집단을 긍정적으로 인식하고 그 집단의 가치와 규범을 내면화할수록, 개인은 더 높은 수준의 심리적 안정감과 정체성 일관성을 경험하게 된다. 나아가 특정 집단의 일원이라는 인식은 구성원 간 협력을 촉진하고, 공동 목표를 위한 참여를 끌어

내는 동력이 되기도 한다. 이런 점에서 사회 정체성은 사회적 유대의 기반이자, 집단 내 행동 조율과 연대의 근간으로 작용한다.

사회 정체성 형성의 원리는 우리의 일상 속 다양한 집단 경험을 통해 뚜렷하게 드러난다. 예를 들어, 특정 스포츠 팀을 응원하는 팬들은 팀의 상징을 공유하고 승패에 감정적으로 반응하면서 자연스럽게 "우리 팀"이라는 집단 정체성을 형성한다. 같은 팀을 응원한다는 사실이 매우 중요한 정체성의 일부처럼 여겨지기도 하지만, 실제로 처음 그 팀을 응원하게 된 계기는 친구의 권유나 지역 연고 등 사소한 이유였던 경우도 많다. 이처럼 사소한 계기로 시작된 소속감이 시간이 지나면서 강력한 정체성으로 확장되기도 한다. 집단 정체성은 반드시 깊은 역사나 객관적인 기준에서 비롯되는 것이 아니라, 우연히 형성된 경험과 일상의 반복 속에서 점차 강화되는 사회적 구성물이다.

디지털 환경에서는 개인의 고유성에 대한 식별이 어려우므로 정체성 기반 집단이 더욱 유연하고 확장된 형태로 나타난다고 알려져 있다(Spears & Postmes, 2015; Walther, 1996). 온라인 커뮤니티와 소셜 미디어를 기반으로 한 팔로잉 그룹, 메타버스 내 아바타 공동체 등에서는 물리적 거리와 관계없이 사람들이 특정 주제나 세계관에 따라 강한 결속감을 형성한다. 이러한 온라인 집단은 종종 정치적 성향, 가치관, 콘텐츠 취향 등 다양한 기준에 따라 형성되며, 내집단 중심의 유대와 더불어 외집단에 대한 반감이 극대화된다는 비판이 있기도 하지만, 동시에 새로운 사회적 연대와 참여의 장을 제공한다는 점에서 긍정적인 가능성도 함께 지닌다.

가상인간과의 정체성 공유

이러한 사회 정체성 이론의 관점에서, 가상의 존재에 대해 공통의 정체성을 형성하고 이를 통해 집단적 소속감을 경험할 수 있을까? 상상의 예이기는 하지만, 영화 〈아바타(Avatar)〉에서는 이러한 과정을 흥미롭게 묘사하고 있다. 영화의 주인공 제이크 설리는 본래 나비(Na'vi) 부족의 일원이 아니었으며, 인간이라는 전혀 다른 범주에 속한 인물이었다. 그러나 그는 아바타 기술을 통해 나비의 신체를 갖게 되고, 점차 그들이 집단적으로 공유하고 있는 삶의 방식에 몰입하게 된다. 제이크는 나비족의 언어를 배우고, 그들의 생활 방식과 생태적 지식을 체득해 나간다. 더 나아가 그는 나비족의 신인 에와(Eywa)에 대한 깊은 경의를 표하고, 신성한 나무 아래에서 의식을 함께 수행하는 등 그들의 영적 관습에도 참여한다.

이는 단순한 외적 모방이 아니라, 나비족의 세계관을 진지하게 수용하고, 자신의 태도와 정체성을 그에 맞춰 재구성해 나가는 내면적 전환의 과정이다. 그는 나비족이라는 집단의 구성원으로서 자신을 인식하고, 그들의 규범과 상징에 내적으로 동일시함으로써 진정한 소속감을 형성한다. 이는 공동의 문화, 가치, 상징을 매개로 한 집단 정체성 기반 관계의 전형적 양상을 보여 주는 사례로, 인간이 특정 공동체의 일원으로 받아들여지는 과정이 얼마나 깊이 있는 정체성 전환을 수반하는지를 잘 보여 준다.

영화보다 현실적인 사례로는 온라인 공간에서 활동하는 가상 인플루언서를 들 수 있다. 이들은 단순히 캐릭터나 브랜드 홍보의 수단에 그치지 않고, 사회적 메시지를 전달하거나 정체성 수립의 주체로 기능하기도 한다. 예컨대 소셜미디어에서 활동하는 가상인간이 환경 보호, 젠더 평등, 정신 건강과 같은 사회적 가치를 주제로 한 캠페인의 상징적 리더로 나설 경우, 해당 메시지에 공감하는 사용자들은 그 가상인간이 대표하는 가치와 세계관에 정서적으로 동조하며 일종의 정체성 기반 집단을 형성하게 된다.

이러한 맥락에서 가상인간은 단순한 콘텐츠 매개체를 넘어 특정 사회적 목적과 정체성을 공유하는 '우리' 집단의 상징적 중심 인물로 위치할 수 있다. 사용자들은 비록 가상인간과 직접적인 상호작용을 하지 않더라도, 그 존재를 통해 자신이 속한 집단의 정체성과 가치를 상징적으로 확인하고 강화하는 경험을 하게 되는 것이다. 이는 정치적 신념, 윤리적 소비, 젠더 정체성 등 현대 사회의 다양한 사회 정체성과 연계되며, 가상인간이 집단적 정서와 결속을 촉발하는 하나의 촉매로 작용할 수 있음을 시사한다.

인간은 오랜 시간 정체성 기반의 관계를 통해 사회적 연결을 형성해 왔다. 이러한 공동체 형성의 원리를 가상인간에게도 적용할 수 있는지를 탐색하는 일은, 인간과 디지털 존재 간 상호작용의 경계와 가능성을 가늠하게 하는 중요한 물음을 제기한다. 다양한 연구와 문화적 사례들은 일정한 조건 아래에서 가상인간이 인간과 유사한 방식으로 공동의 목표와 상징을 매개로 정체성 수준의 소속감을 형성할 수 있음을 시사하고 있다. 이는 가상인간이 단순한 기술적 시뮬레이션을 넘어, 사회적 관계의 주체가 될 수 있음을 보여 준다.

그러나 이러한 가능성은 동시에 여러 윤리적 고려와

현실적 제약을 동반한다. 아직까지 인간이 비인간적 존재와 장기적이고 지속적인 관계를 맺는 사례는 충분히 축적되지 않았으며, 그로 인해 발생할 수 있는 심리적 착각, 정서적 의존, 관계의 왜곡 등 부작용에 대한 논의 역시 제한적이다. 따라서 가상인간과의 정체성 공유는 단순한 기술 발전의 부산물로 간주되어서는 안 되며, 인간의 사회적 · 심리적 욕구와 밀접하게 연관된 복합적 상호작용의 일부로서 신중하게 다루어져야 한다. 이러한 접근을 통해 가상인간은 인간 관계의 대체물이 아니라, 새로운 방식의 사회적 연결을 확장해 나가는 하나의 가능성으로 자리매김할 수 있을 것이다.

참고문헌

Spears, R., & Postmes, T.(2015). Group identity, social influence, and collective action online. In S. S. Sundar (Ed.), *The Handbook of the Psychology of Communication Technology* (pp. 23~46). John Wiley & Sons, Ltd. https://doi.org/10.1002/9781118426456.ch2

Tajfel, H., & Turner, J. C.(1986). Social identity theory of intergroup behavior. In S. Worchel & W. G. Austin (Eds.), *Psychology of intergroup relations* (pp. 7~24). Nelson-Hall Publishers.

Tajfel, H., et al.(1971). Social categorization and intergroup behaviour. *European Journal of Social Psychology*, 1(2),

149~178.

Walther, J. B.(1996). Computer-mediated communication: Impersonal, interpersonal, and hyperpersonal interaction. *Communication Research*, 23(1), 3~43. https://doi.org/10.1177/009365096023001001

09
권위를 얻은 가상인간

가상인간이 면접관, 심판, 프로듀서 등 권위 있는 역할을 수행하게 될 경우, 단순한 도구가 아닌 판단 주체로 기능하며 제도적 권위를 갖는 사례가 나타나고 있다. 사람들은 기술의 성능보다 그 기술이 수행하는 사회적 지위와 권력 관계에 따라 수용 여부를 결정한다. 따라서 가상인간의 외형이나 기능이 아닌, 그 존재가 사용자에게 어떻게 인식되는지를 면밀히 분석할 필요가 있다.

AI와 화장품?

위계적 조직 속 가상인간

오늘날 인공지능 윤리 규정은 인공지능이 인간의 존엄성을 침해하지 않도록 하며, 사회의 공공선을 증진하는 방향으로 설계되어야 함을 명시하고 있다(과학기술정보통신부, 2020). 이는 인공지능이 인간의 목적을 실현하기 위한 수단으로 기능해야 함을 전제한다. 이러한 맥락에서, 가상인간이 인간의 특정 역할을 부여받아 사회 구조 내에 편입되는 상황을 상정할 수 있으며, 이는 집단적 차원에서 특정한 목적을 실현하는 도구로 작동하는 형태로 이해될 수 있다.

그러나 인간 사회의 조직은 대체로 위계적 구조를 이루고 있으며, 가상인간이 항상 조직의 하위 계층에 존재하는 것이 아니라, 경우에 따라 권력자의 도구로 기능함으로써 오히려 상위의 지위를 점하는 상황이 나타날 수 있다. 이러한 경우 집단적 차원에서는 도구적 존재로 기능하는 인공지능이나 가상인간이, 특정 인간보다 높은 위치에서 인간을 평가하거나 통제하는 권위를 지닌 존재로 인식될 수 있다. 더 나아가, 가상인간이 일정한 사회적 지위를 확보하고, 그에 상응하는 권위를 제도적으로 부여받는 상황이 현실화될 가능성도 존재한다. 그렇다면 비인간 주체인 가상인간의 권위에 우리가 어떻게 반응할까 하는 질문이 제기된다.

이러한 문제는 가상인간에게 부여된 권위에 대한 사회적 수용 가능성과, 비인간 존재에 대한 권위의 제도적 정당화 가능성이라는 보다 본질적인 차원으로 이어진다. 따라서 우리는 구체적인 사례들을 통해 가상인간이 어떠한 방식으로 권위를 획득하게 되는지를 분석하고, 그러한 권위에 대해 사람들이 어떤 인식과 반응을 보이는지를 고찰해 볼 필요가 있다.

평가하고 판정하는 가상인간

가상의 존재가 사회 구조 내에서 권위 있는 지위를 점하는 대표적인 사례로는 인공지능 면접관을 들 수 있다. 학계에서는 이러한 기술의 가능성을 검토하고자, 대규모 언어모델(LLM)을 기반으로 한 대화형 인공지능 면접관을 개발하거나(Wuttke et al., 2025), 가상 아바타를 활용한 사용성 평가 연구가 이루어지고 있다(Liu et al., 2023). 최근 한국에서도 채용 과정을 자동화하면서 인공지능이 도입되고 있으며, 많은 기업들이 채용의 효율성과 공정성을 제고하기 위한 수단으로 AI 기반 시스템을 채택하고 있다(유진아, 2024). 특히 AI 면접 시스템은 대규모 지원자를 신속하고 체계적으로 평가할 수 있는 수

단으로 주목받으며, 기업의 인재 선발에서 중요한 위치를 차지하고 있다.

AI 면접은 지원자가 온라인 플랫폼에 접속하여 AI가 제시하는 질문에 답변하는 방식으로 진행된다. 최종적인 판단은 여전히 인사 담당자가 내리지만, 구직자 입장에서는 자신이 인간이 아닌 프로그램 또는 가상인간에 의해 평가받고 있다고 인식할 수 있다. 이러한 면접 시스템은 긍정적 측면과 부정적 측면을 모두 지닌다. 장점으로는 전통적인 대면 면접에 비해 스트레스가 적고, 응답 시간 활용의 자율성이 커 만족도가 높다는 점, 절차의 간소화와 시간 · 비용의 절감 등이 있다. 반면, 실질적인 인간 상호작용의 결여로 인한 심리적 불안, AI가 감정 표현이나 비언어적 신호를 적절히 해석할 수 있는지에 대한 신뢰성 문제가 지적된다.

가상 존재가 권위를 갖는 또 다른 사례는 스포츠, 특히 축구에서의 비디오 보조 심판(Video Assistant Referee, VAR)이다. 비록 인간의 형태를 지니고 있지는 않지만, VAR은 경기의 정확성과 공정성을 높이기 위해 도입된 기술로, 영상 재생과 전담 심판팀을 통해 경중한 사건들을 검토한다. 골 여부 확인, 페널티 판단, 레드카드 적절성 평가, 그리고 신원 오류 수정 등에서 VAR은 중요한 판단 보조 역할을 수행하며, 후방에서 데이터를 분석하고 규칙에 맞는 결정을 유도한다(Spitz et al., 2021).

VAR은 축구 경기 운영에 높은 정확성을 부여했지만, 궁극적인 권위는 여전히 현장 심판에게 있다. 기술이 제공하는 지원에도 불구하고 최종 결정은 인간이 내리며, 이는 기술과 인간 판단 사이의 균형 문제를 둘러싼 논의를 촉발했다. VAR은 심판 제도의 진화를 이끌었으나, 팬들 사이에서는 경기의 흐름을 방해하고 흥미를 저해한다는 비판도 존재한다. 판정 정확도 향상이라는 긍정적 효과와 함께, 긴 지연 시간과 골 축하의 감정이 분산되는 등의 부정적 반응 역시 나타난다(Scanlon et al., 2022).

이러한 논란은 AI가 권위 있는 역할을 맡을 때 인간과의 상호작용에서 발생하는 복잡성을 잘 보여 준다. AI가 데이터 분석이나 판정 보조에서 혁신적 잠재력을 갖고 있음은 분명하나, 사람들에게 AI의 판단을 따르도록 요구하는 상황에서는 신뢰, 수용, 적응의 문제가 필연적으로 제기된다. 이는 AI를 인간 환경에 통합할 때 마주하는 주요 과제를 잘 보여 주는 사례다.

가상인간이 제도적 권위를 갖고 인간을 평가하고 통제한 또 다른 사례는 2024년 MBC에서 방영된 예능 프로그램 〈PD가 사라졌다〉다. 이 프로그램은 AI가 방송 제작의 전 과정을 주도한 실험적 프로젝트로, 인간 PD를 배제한 채 AI PD '엠파고(M파고)'가 기획, 연출, 편집은 물론 출연진의 미션 생성, 녹화 영상 분석, 출연료 산정까지 담당했다.

참가자들은 AI의 알고리즘이 어떠한 기준으로 자신들의 콘텐츠를 편집하고 평가하는지를 파악하고자 경쟁하며, 그 과정에서 다양한 심리적 갈등과 협력이 전개된다. 특히, AI가 절대적 판단 권한을 행사하는 폐쇄적 제작 공간 속에서 인간 출연자들은 AI PD에 대한 반감과 불만을 그대로 드러낸다. 이러한 출연자들의 자연스러운 감정, 욕망, 상호작용은 프로그램의 주요한 관전 포인트이자 실험적 성과로 평가되었다.

〈PD가 사라졌다〉는 세계 최초로 AI가 실질적 PD 역할을 수행한 사례로, 전통적 제작 방식을 해체하고 재구성한 시도다. 이는 AI가 단순한 기술적 도입을 넘어 제도적 권력을 행사하고 인간 활동을 구조화하는 주체로 기능할 때 인간들이 어떤 반응을 보일지에 대한 단서를 제공한다. 이에 대한 이해를 기반으로 사회적 계층 내 AI의 역할, 한계, 책임 소재에 대한 논의와 제도적 정비가 뒤따라야 할 것이다.

가상인간 회피와 수용

디지털 존재가 채용 면접관, 스포츠 심판, 방송 프로듀서 등 사회적으로 권위 있는 역할을 수행할 때, 사람들은 이를 일관되게 수용하지 않고 상반된 반응을 보인다. 이러한 태도는 알고리즘 회피와 수용(algorithm aversion and appreciation)이라는 개념으로 요약되며, 그 차이는 단지 기술의 정확도나 과업의 성격 때문이라기보다, 해당 기술이 수행하는 사회적 역할의 위계와 권위에 밀접하게 관련된다.

특히 가상인간이 인간의 역할을 부여받아 평가와 판단을 수행하는 주체로 기능할 경우, 그 존재가 점하는 사회적 지위에 따라 사용자 반응은 현저히 달라질 수 있다. 동일한 알고리즘이라 하더라도, 단순한 조력자 역할을 할 때는 비교적 수월하게 수용되지만, 면접관, 판사, 교사와 같이 인간을 평가하거나 통제하는 상위적 위치를 맡게 되면 이용자들의 상호작용에서 경험하는 심리적 거리감은 크게 달라진다. 이처럼 알고리즘이 '판단의 주체'로 기능할 때, 그 결정은 단순한 정보 제공을 넘어 개인의 삶에 실질적 영향을 미치는 행위로 받아들여지며, 기대와 불안이 동시에 유발된다.

실제로 추천 시스템이나 검색 도구와 같은 보조적 역

할은 사용자에게 비교적 중립적으로 인식되지만, 성과 평가, 자격 심사, 보상 결정과 같이 사회적 결과를 수반하는 역할을 수행할 경우 사용자들은 크게 갈라진 반응을 보인다. 일부는 알고리즘이 인간보다 더 공정하고 비편향적이라고 평가하며 신뢰를 보내지만, 또 다른 일부는 인간적 맥락과 정서적 이해 부족을 이유로 저항하거나 불신을 드러낸다.

결국 이러한 반응의 차이는 알고리즘 자체의 기술적 정교함보다, 그것이 어떤 사회적 권위와 역할을 부여받았는지에 따라 좌우된다. 따라서 가상인간이 인간과 유사한 외형이나 대화 능력을 갖췄다는 사실만으로는 그 수용 가능성을 담보하지 못한다. 중요한 것은 그 존재가 어떠한 위치에 놓이는가이며, 사용자가 그것을 신뢰할 수 있는 판단 주체로 인식하는지, 혹은 위협적 존재로 여기는지에 대한 사회심리적 맥락의 분석이 필요하다. 이는 향후 인공지능 기반 시스템의 설계와 사회적 통합을 위한 핵심적 고려 사항이 될 것이다.

참고문헌

과기정통부(2020). 인공지능(AI) 윤리기준.
유진아(2024.08.25). [테크&포커스] 4초만에 자소서 읽고 심층질문까지… 'AI 면접관' 시대. 디지털타임스. https://www.dt.co.kr/contents.html?article_no=2024090302101131092001

Liu, B., et al.(2023). Speech production under uncertainty: How do job applicants experience and communicate with an AI interviewer? *Journal of Computer-Mediated Communication*, 28(4), zmad028. https://doi.org/10.1093/jcmc/zmad028

Spitz, J., et al.(2021). Video assistant referees (VAR): The impact of technology on decision making in association football referees. *Journal of Sports Sciences*, 39(2), 147~153. https://doi.org/10.1080/02640414.2020.1809163

Wuttke, A., et al.(2025). Ai conversational interviewing: Transforming surveys with LLMs as adaptive interviewers (arXiv:2410.01824). arXiv. https://doi.org/10.48550/arXiv.2410.01824

10
가상인간 상호작용 다이내믹스

가상인간과의 상호작용은 사회문화적 맥락 속에서 축적되며, 축적된 경험을 통해 새로운 생활 방식과 사회적 규범이 형성된다. 가상인간의 행동은 사회문화적 맥락을 고려하여 분석되어야 하며, 이를 위한 이론적 틀로 동물 행동학을 바탕으로 한 '가상인간 행동학'을 제시한다. 이 접근을 통해 가상인간 행동의 원인, 발달, 기능, 진화라는 네 가지 질문을 던지며, 총체적인 이해를 추구한다.

종교와 AI?

가상인간 행동학

일회적인 가상인간과의 상호작용은 특정한 사회문화적 맥락 속에서 발생하지만, 개인 차원에서 경험하는 상호작용은 점차 축적되고 공유되어 궁극적으로 공통된 집단적 행동 양식으로 정착한다. 이러한 축적 과정은 사회 전체의 문화와 관습에 영향을 미치며, 새로운 기술 환경에 부합하는 변화된 생활 방식과 사회적 규범을 형성하는 데 기여한다.

가상인간이 새로운 생활 방식과 규범 형성에 어떻게 기여하는지 탐색하기 위한 연구 패러다임으로 동물 행동학(ethology)을 살펴볼 수 있다. 동물 행동학은 동물의 행동을 총제적으로 탐구하는 학문으로, 생물 개체가 자연 환경 속에서 어떻게 움직이고 반응하는지를 체계적으로 관찰하고 분석한다. 이때 분석의 초점은 단순히 행동의 표면적 관찰에 머무르지 않으며, 그 행동이 어떠한 생리적·신경학적 메커니즘에서 비롯되는지, 그리고 해당 행동이 생물의 생존과 번식에 어떤 기여를 하는지를 통합적으로 이해하는 데에 있다.

이야드 라완(Iyad Rahwan)은 이러한 행동학적 접근을 동물에 국한하지 않고, 인간이 설계한 인공물—특히 인공지능—에도 적용할 수 있다고 제안했다(Rahwan et al., 2019). 그는 인공지능 시스템이 실제 사회적 환경 속에서 어떻게 반응하고, 상호작용하며, 의사 결정을 내리는지를 이해하는 것이 점점 더 중요해지고 있다고 보고, AI를 단순한 기술적 도구가 아닌 '행동 주체'로 간주해야 한다는 연구 패러다임을 제시했다. 그는 이를 '기계 행동학(Machine Behaviour)'이라 명명했으며, 이를 통해 인공지능 시스템이 실제 세계에서 보이는 행동 양상을 과학적으로 관찰하고 분석할 수 있는 가능성을 제시했다.

이를 더욱 확장해 가상인간의 행동에 적용하여, '가상인간 행동학(Virtual Human Behaviour)'이라는 분석 틀을 제안한다. 가상인간 행동학은 가상인간을 단순한 프로그래밍이나 콘텐츠 제공 도구로 보는 기존의 기술 중심적 관점을 넘어, 특정한 상황과 맥락 속에서 '행동하는 존재'로 간주하고자 한다. 이 접근은 가상인간이 실제 상호작용 환경 속에서 어떠한 언행을 보이고, 어떻게 반응하며, 주어진 조건에 따라 어떤 방식으로 적응하는지를 분석의 대상으로 삼는다.

가상인간 행동에 대한 네 가지 질문

니콜라스 틴베르겐(Nikolaas Tinbergen)은 동물 행동학에서 동물을 총체적으로 이해하기 위해 네 가지 질문을 제시했다(Tinbergen, 2005). 이는 동물의 행동을 원인(causation), 발달(development), 기능(function), 진화(evolution)의 4가지 차원으로 질문해 동물의 행동 방식에 대한 포괄적인 이해를 추구하는 것이다. 이 질문들을 동물 행동뿐만 아니라 가상인간의 행동에 적용해 가상인간 상호작용에 대한 깊은 이해를 얻을 수 있다.

원인에 관한 질문은 "이 행동을 유발한 직접적인 원인과 메커니즘은 무엇인가?"를 묻는다. 이 질문은 행동이 발생하는 즉각적인 조건에 주목하며, 특정 방식으로 동물이 반응하게 만드는 생리학적, 신경학적, 환경적 요인을 규명하는 데 초점을 둔다. 이러한 분석은 가상인간에게도 유의미하게 적용될 수 있다. 특히 가상인간이 인공지능 기반 시스템을 통해 작동하는 경우, 특정한 행동이 어떤 내부 연산 과정을 거쳐 도출되는지를 명확히 파악하기 어렵기 때문에, 원인 분석은 더욱 중요해진다.

예를 들어 챗지피티가 질문에 대해 대화형으로 응답하는 행동을 원인의 관점에서 살펴보면, 이는 자연어 처리(Natural Language Processing)를 위한 인공신경망 기반 모델의 구조와 작동 방식에 기초한다. 사용자의 질문은 입력 텍스트로부터 벡터화되어, 신경망 내의 어텐션(attention) 메커니즘을 통해 문맥 정보를 고려한 다음

단어를 예측하고, 그 결과로 문장 형태의 응답이 생성된다. 즉, 질문이라는 외부 자극이 주어졌을 때, 그에 이어지는 가장 자연스러운 대화형 응답을 생성하도록 설계된 알고리즘 구조가 곧 이 '행동'의 직접적인 원인이라 할 수 있다.

발달 질문은 "이 행동은 생애를 통해 어떻게 발전했는가?"라는 질문을 다룬다. 이 질문은 행동이 어떻게 변화하고 성숙하는지, 유전적, 환경적, 사회적 요인들이 어떻게 상호작용하는지에 집중한다. 행동은 본능적 성향과 삶의 경험이 결합하여 발달하므로, 이 과정을 이해하면 동물들이 환경과 어떻게 상호작용하는지에 대한 통찰을 제공한다.

챗지피티의 대화형 응답에 대한 발달 질문도 마찬가지다. 챗지피티의 행동 역시 모델이 사전 학습(pre-training)과 미세 조정(fine-tuning) 과정을 거치며 발전해 온 결과다. 수많은 인간 간 대화 데이터를 포함한 대규모 텍스트 코퍼스를 통해 언어적 규칙과 대화의 흐름을 학습했으며, 이후 인간 피드백에 기반한 강화학습을 통해 더욱 자연스럽고 사회적으로 적당한 대화를 구현하도록 조정되었다. 이처럼 대화형 인공지능의 특성은 정적인 설계가 아니라 학습 데이터와 인간의 선호를 기반으로 점차

적으로 발달한 결과로 볼 수 있다.

기능 질문은 "이 행동이 생존과 번식에 어떻게 기여하는가?"라는 질문을 다룬다. 이 질문은 행동이 진화적 이점을 제공하는 방식에 중점을 두며, 행동이 어떻게 유기체의 생존과 번식 능력을 향상시키는지 설명한다. 이 차원은 행동의 적응적 특성을 탐구하며, 행동이 환경에 대한 적합성을 높이고 그 유전자의 지속을 보장하는지를 묻는다.

챗지피티의 대화형 응답 방식은 사용자와의 상호작용을 원활하게 유지하고, 정보 제공의 효율성을 높이는 기능을 수행한다. 질문자에게 친숙하고 자연스러운 방식으로 정보를 전달함으로써 이해도와 만족도를 높이고, 인간과 컴퓨터 간 상호작용의 몰입도와 지속성을 높인다. 즉, 대화형 응답은 이해, 설득, 정서적 친화감 등 단순한 정보 전달 이상의 기능을 수행하는 효과적인 행동 전략이다.

마지막으로 진화 질문은 앞으로 챗지피티와 같은 인공지능 기반 가상인간이 어떤 방향으로 발전할지에 대한 통찰을 제공한다는 점에서 중요하다. 진화적 관점은 단순히 과거의 변화 과정을 설명하는 데 그치지 않고, 현재의 기술이 어떠한 선택적 압력과 사회적 요구 속에서 작동하고 있는지를 분석함으로써 미래의 방향성을 예측할 수 있도록 한다. 예를 들어, 현재의 챗지피티는 인간과 유사한 대화 능력을 목표로 정교한 언어 모델로 발전해 왔지만, 향후에는 맥락 인식, 감정 이해, 비언어적 표현의 통합, 상황 적응력 등 보다 포괄적인 커뮤니케이션 역량을 갖춘 존재로 진화할 가능성이 있다.

이러한 진화는 기술 내부의 알고리즘 발전뿐 아니라 사회문화적 기대와 규범, 윤리적 요구, 사용자 경험의 축적에 따른 피드백 메커니즘 등 외부 요인과의 상호작용 속에서 이루어진다. 특히 AI가 인간의 언어와 상호작용 방식을 더욱 정교하게 모방하게 될수록, 인간 사회에서 기대하는 역할과 책임의 수준도 함께 높아질 것이다. 따라서 진화적 분석은 단지 기술의 성능 향상 여부를 평가하는 것이 아니라, 가상인간이 사회적 환경 속에서 어떤 위치를 점유하고, 어떤 규범과 기능을 내포하게 될지를 이해하는 데 핵심적인 틀을 제공한다.

결과적으로, 틴베르겐의 네 가지 질문―원인, 발달, 기능, 진화―은 가상인간의 행동을 단순한 기술적 현상이 아니라 사회적 · 문화적 · 역사적 맥락 속에서 총체적으로 분석할 수 있는 강력한 이론적 틀을 제공한다. 이와 같은 분석을 통해 우리는 가상인간이 도구적 존재를 넘어 하나의 '사회적 행위자'로 진화해 가는 과정을 보다 깊이 이해할 수 있으며, 그 진화가 인간 사회에 어떠한 의미와 영향을 가져올지를 성찰할 수 있게 된다. 그렇다면 가상인간의 궁극적인 진화는 과연 어떤 모습으로 귀결될 것인가? 이는 앞으로 우리가 함께 사유하고 탐구해 나가야 할 중요한 질문이다.

참고문헌

Rahwan, I., et al.(2019). Machine behaviour. *Nature*, 568(7753), 477~486. https://doi.org/10.1038/s41586-019-1138-y

Tinbergen, N.(2005). On aims and methods of Ethology. *Animal Biology*, 55(4), 297~321. https://doi.org/10.1163/157075605774840941

사영준

서강대학교 미디어&엔터테인먼트학과 부교수다. 서울대학교에서 산업공학과 통계학을 전공해 학사 학위를 받았고, KAIST에서 문화기술학 석사, 미시간주립대학교에서 정보미디어학 박사 학위를 취득했다. 학제적 배경을 바탕으로 인간-컴퓨터 상호작용(HCI), 디지털 미디어 심리학, 소셜미디어 분석 등 기술과 인간 행동 간의 접점을 탐구하는 연구를 수행해 왔다. 최근에는 인공지능, 메타버스, 가상인간 등 디지털 미디어와 첨단 융합 기술이 사회적 상호작용과 커뮤니케이션 방식에 미치는 영향을 중심으로 교육과 연구를 이어 가고 있다.